深圳先行示范丛书 科技创新卷

催化与裂变：科技联姻金融

王小广 主编 杨柳 著

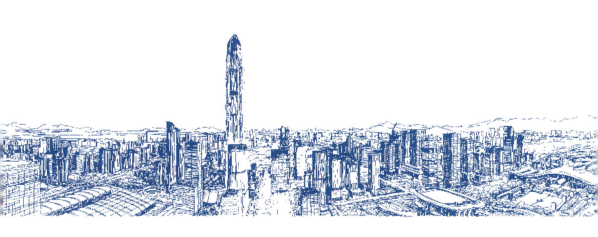

海天出版社
HAITIAN PUBLISHING HOUSE
·深圳·

主 编 简 介　**王小广**

　　中共中央党校（国家行政学院）经济学部副主任、研究员、博士生导师。1995 年获得中国社会科学院研究生院博士学位。曾长期就职于国家发改委经济研究所，先后担任经济形势研究室主任和发展战略与规划研究室主任。2009 年调入国家行政学院，担任决策咨询部副主任。曾连续 9 年主持国家发改委宏观经济研究院重点课题"宏观经济形势跟踪、预测和对策"。在《人民日报》《经济日报》《经济学动态》《管理世界》等报刊发表论文 400 多篇。独立或主笔完成的著作 10 余部，如《中国经济高速增长是否结束？》《中国发展新阶段与模式转型》《新时代宏观调控创新》《治堵经济学》；还主持和参与 10 多项其他部委和地方政府委托的规划课题。2019 年受深圳市委委托，担任重大课题"深圳如何建设'两范'城市"的主持工作。

作 者 简 介　**杨 柳**

　　深圳本土作家，从事经济、科技、创业类题材创作十余年。创作的《创客志：中国创业经典案例研究》系列被列入"十三五"国家重点规划项目；《为创新而生》获得 2016 年度全国城市出版社优秀图书二等奖。还参与主编了《华为创新三十年：解密华为成功基因丛书》《深圳创业故事》《粤港澳大湾区战略性新兴产业研究》等多部科技创新类书籍，受到读者广泛好评。

　　联系方式：zkjhwh2016@163.com

总序

2020 年 8 月，深圳迎来经济特区建立 40 周年的华诞，海天出版社特别策划出版"深圳先行示范丛书"，作为一份特别的礼物以飨读者。

在中华人民共和国成立 70 周年之际，《中共中央 国务院关于支持深圳建设中国特色社会主义先行示范区的意见》正式发布，这标志着深圳站在一个新的起跑线上，肩负着新的历史使命。2020 年 10 月，中共中央办公厅和国务院办公厅发布《深圳建设中国特色社会主义先行示范区综合改革试点实施方案（2020—2025 年）》，赋予深圳在重点领域和关键环节改革上更多自主权，支持深圳在更高起点、更高层次、更高目标上推进改革开放，这是新时代推动深圳改革开放再出发的又一重大举措，也是创新改革方式方法的全新探索。深圳承载着我国攻坚克难的坚定决心，未来将全力书写新时代的"春天的故事"。

南海之滨，东方风来；鲲鹏击浪，志在万里。

40 年来，深圳就是凭借中央赋予的特殊政策"先行一步"，从边陲小镇一跃成为经济发达、科技进步的国际化都市；正是改革开放成就了深圳的奇迹，深圳的未来势必沿着改革开放道路坚定地前行，在新时代走在前列，在新征程勇当尖兵。

当前，我国经济发展呈现速度变化、结构优化、动力转换三大特点，要大力推进经济结构性战略调整，把创新放在更加突出的位置，继续深化改革开放，为经济持续健康发展提供强大动力。在这个历史关头，深圳承担起新的任务，不仅要先行，还要示范，把一些好的做法复制和推广到全国，不断增强我国经济创新力和竞争力。目前，深圳正在酝酿一批有含金量、示范性的重大改革创新政策，争取一批有引领性、突破性的先行先试政策，形成一批可复制、可推广的重大制度成果，向社会主义现代化标杆城市奋勇前进。

习近平总书记曾多次强调科技创新是提高社会生产力和综合国力的战略支撑。他在2013年欧美同学会成立一百周年的庆祝大会上说："创新是一个民族进步的灵魂，是一个国家兴旺发达的不竭动力，也是中华民族最深沉的民族禀赋。在激烈的国际竞争中，惟创新者进，惟创新者强，惟创新者胜。"

党的十九大报告旗帜鲜明地提出："创新是引领发展的第一动力，是建设现代化经济体系的战略支撑。"报告中10余次提到科技、50余次提到创新，到2035年，我国跻身创新型国家前列的目标将激励全社会积极实施创新驱动发展战略，擦亮中国创造、中国智造的名片。

国家的核心战略是创新驱动发展，深圳建设先行示范区的动力也是创新发展。高质量发展离不开创新发展，深圳要成为高质量发展高地，根本出路在于实施创新驱动发展战略，通过创新实现产业结构调整，培育现代产业体系。比如，国家支持以深圳为主阵地建设综合性国家科学中心，以及建设5G、人工智能、网络空间科学与技术、生命信息与生物医药实验室等重大创新载体；为发展战略性新兴产业，国家要求深圳在未来通信高端器件、高性能医疗器械等领域创建制造业创新中心。

　　显而易见，创新发展是先行示范区建设的底色，也是中国特色社会主义生机和活力的彰显。"深圳先行示范丛书·科技创新卷"就是聚焦深圳的创新发展事业，从创新驱动发展的基因到产业实践，再到创新体系建设，力图总结出一套有关科技创新的经验做法，能够给其他城市的发展提供一定的启迪和借鉴。

　　"所当乘者势也，不可失者时也。"新时代为深圳创造了许多重大历史机遇，深圳人要牢牢把握党中央的战略意图，坚持以习近平新时代中国特色社会主义思想为指导，弘扬敢闯敢试、敢为人先的改革精神，保持日夜兼程、奋力拼搏的精神面貌，建设中国特色社会主义先行示范区，辐射带动全省乃至全国的经济高质量发展，为实现中华民族伟大复兴的中国梦提供有力的支撑。

王小广

2020 年 11 月

深圳先行示范丛书

SHENZHEN
XIANXING
SHIFAN
CONGSHU

科技创新孕育新型示范城市

近些年，走在治学与求实路上亲历中国社会经济的重大变革，心里不断生发出"和平年代培养专家，变革年代需要思想"的感慨。21 世纪第二个 10 年之后，各发达国家靠前沿技术搭建起世界高新技术产业，数字技术支持下的智慧经济排浪而来已是不争的事实。所以有学者追问，深圳经济特区建立 40 年来究竟以什么样的弄潮手段，成为新时代的创新排头兵呢？作为一座屹立于世的国际型大都市，如果要在世界性范围内突显深圳的作用，一般可以从哪些逻辑关系陈述其生成的过程和发挥的重要性呢？

打造一批兼具科学元理念和底层基础技术支撑的新型科研机构，无异于建设中国特色社会主义先行示范区的源头活水。20 多年来，深圳组织各方力量在基础研究、源头创新上发挥政府效能，组织建设了一批以科学发现、技术发明、产业发展为主要特征的科研机构，不但集聚了众多的创新人才，还将科技成果转化成带动区域经济发展的重要力量，强化了深圳的创新能力和综合实力。在深圳市政府各项政策的扶持下，以中国科学院深圳先进技术研究院、鹏城实验室、深圳量子科学与工程研究院、深圳市大数据研究院、深港脑科学创新研究院为代表的新型研发机构不断开拓创新，吸纳一流的学者，组建卓越的科研团队，推动产研结合，促进深圳的科技创新水平和规模迈上新高度。

所有人都不会忘记20世纪八九十年代的深圳经济发展模式，大车间、流水线、模块化生产方式在短短20多年的时间里潮起潮落。但令人欣喜的是，制造经济的生产终端派生出了物流采购、供应链管理和整合信息技术三个相对独立的业态环节。特别是近10年，随着移动智能终端叠加在微机终端之上，新的终端不仅催生了人类的脑力劳动，而且以数字替代技术为始发点，衍生出完全不同的数字创造技术。数字经济雏形就完美地隐藏在"生产—交易—消费—分配"的产业链里。深圳作为广东省创建国家创新型城市的代表，坚持把自主创新作为城市发展的主导战略，成功切换产业发展模式，使创新型经济特征更加明显。深圳以企业为主体在全社会持续投入研发资金，使专利数量和质量遥遥领先全国其他城市，梯次型创新企业群的自主创新成果领跑全国科技前沿，并使高新技术产业成为创造区域经济的第一大支柱产业。在创新驱动成为深圳城市发展引擎的时候，深圳把它视为打造国际科技创新中心的一把钥匙，知识产权战略、标准化战略和质量强市战略就是深圳市政府确立的服务于创新驱动的三大助力。未来，还将打造全国乃至世界性的创新型金融中心。

同时，依托数字技术支持下的联网共享经济与粤港澳大湾区经济产业链相结合，让深圳迎来成为世界级科创中心城市的最佳历史机遇。分析深圳的功能分化趋势，它的空间布局有力证明了这一点：（1）珠三角地区周边产业链的总部经济延伸端向深圳方向聚集；（2）第三方市场和大宗商品市场向核心都会区集聚；（3）权益类要素市场的业态形式将与周边卫星城和产业集聚核心区结合；（4）互联网＋市场中介平台成为连接周边产业的桥梁和纽带。作为一座致力于数字基础设施和科技金融创新的城市,深圳通过深化数字技术支持下的新型国民经济体系,破解核心企业区块链、核心市场区块链、核心金融机构区块链与数字技术支持下的新货币市场对接点,引发深圳地区经济体系产业成长、区域规划以及科技金融场景运用等综合效应。在此基础上,创设高端人才集聚效应,打造数字经济与科技金融、产业升级与核心机构场景创设的试验点,推动深圳成为全国数字经济、科技金融的实验区、示范区,吸引更多新经济、新金融、新业态落户深圳。

回顾以科技创新闻名的世界级城市,伦敦、巴黎、纽约和东京都有一段因科技产业爆发而造就的光荣历史。过去的10多年时间里,他们在材料、系统集成、新型能源等方面取得长足进步,出现了引领智能机器制造和数字经济的新一轮发展趋势。"它山之石,可以攻玉。"为建设中国特色社会主义先行示范区,深圳出台了一系列带动创业创新机制,为创业者提供公平、公正的制度环境,成为粤港澳大湾区经济增长的火车头。但是,深圳、广州、香港、澳门以及大湾区其他城市的竞争与共生,有点类似于纽约都市圈和旧金山大湾区,它们追求效率、重视人才、信息共享、不断突破、宽容失败的良性竞争,带动城市在创新高地取得长足进步。这些都印证了共同繁荣的动力学机制离不开坚持产业化的导向,为转变经济发展方式和调整产业结构提供有力的技术支撑。值得称赞的是,深圳形成以企业为主的创新机制,不但政府做好产业规划,为企业创新提供制度保障,还强化政府部门的服务意识,在全社会培育创新环境。比如,南山区政府设立了专项研发资金,每年举办"创业之星"大赛,为创业者搭建对接实现创新成果的平台,还为创新发展积聚了一批后备人才。

理解时代创新的要义，有效借鉴世界发达经济体内创新型城市的经验，希冀深圳城市的设计者为中国的复兴和崛起贡献城市的力量。期盼深圳在先行示范区的大船上，助推出一组组科技创新的排浪，让深圳在优势和特色产业方面发挥全方位的示范和引领作用，在一些更关键的领域表现出独特的区位优势和产业格局。

曹和平

2020 年 12 月于燕园北西山脚下

（作者系北京大学教授）

创新，为人类带来的是福祉，为国家带来的是繁荣。在浩瀚的历史长河中，创新改变着世界的容颜，也是国家之间较量的利器。

科学的诞生带来了一种前所未有的崭新力量。它是一种思维方式，是一种应用方法，是一种观念，是一种象征，是一种可以不断积累、可以自我纠错的知识工具。科学引发的创新广泛而深刻地改变着人类生活的方方面面，树立起人类进程的一座座里程碑。当科学登上历史的舞台，人的创造力开始成为推动经济繁荣和国家强盛的核心要素，追求创新以及创新的精神，如同找到了生命的基石，使人类社会得以成长、强壮。

有这样一座城市，她因创新而闻名于世，因科技而熠熠生辉；她年轻而富有活力，开放而无限包容，吸引全国乃至全球的创新精英把最美的青春年华在这里恣意绽放。

她，就是深圳。

深圳，是包容的。

高交会、深创赛、双创周，以政府为主导，一个个展现创新创业的舞台圆了多少人的创业梦。不管你来自何方，不管你曾经辉煌还是落魄，不管你是海外留学人员，从高校、科研机构、大企业走出来的高管与技术人员，还是毫无根基的大学生、务工人员，都体会到"政府搭台、企业唱戏"的浓厚氛围，一拨拨创业者为深圳的发展注入鲜活的动力。

深圳，是创新的。

2008 年 9 月，深圳发布了我国第一部国家创新型城市规划。今天，深圳在创新载体建设、新兴产业聚集、创新文化营造方面取得傲人的成绩。在高新技术产业，华为、腾讯、比亚迪等知名企业驰骋海内外市场，在战略性新兴产业领域，涌现了大疆、普门科技、云天励飞等行业新星。

深圳，是开拓的。

深圳鼓励和扶持中国科学院深圳先进技术研究院、深圳量子科学与工程研究院、鹏城实验室、深圳市大数据研究院等一批新型科研机构在深圳落地，为深圳基础研究和源头创新引来新鲜血液。在打造"双创"升级版的过程中，深圳市科技主管部门对关键核心技术和产业共性技术攻关侧重引导，敢于啃硬骨头，敢于涉险滩、闯难关，激发各类主体创新的激情和活力。

包容、创新、开拓，造就了深圳城市发展的新内涵。深圳市政府甘当配角，为创业者提供公平、公正的制度环境和政策服务；创业者真正成为深圳创新大潮中的主角，可以集中精力搞技术研发、企业管理、市场开拓。翻开深圳的创业史，一个个名字熠熠生辉，举足轻重：任正非与华为，马化腾与腾讯，王传福与比亚迪，高云峰与大族激光，刘先成与普门科技，陈志列与研祥……

为什么来自五湖四海的人能在这里燃起创业的激情？为什么高新技术产业能成为深圳的支柱产业？为什么党中央选择深圳建设中国特色社会主义先行示范区？"深圳先行示范丛书·科技创新卷"将从城市战略、科研机构、新兴产业、科技金融四个方面，解说深圳建设中国特色社会主义先行示范区的第一推动力就是科技。

本丛书分为四册:《基因与潜能:创新驱动发展》,介绍深圳坚持创新驱动发展战略,实施知识产权战略、标准化战略和质量强市战略,搭建并完善创新支撑体系;《源头与活水:新型科研机构》,对中国科学院深圳先进技术研究院、深圳量子科学与工程研究院等新型科研机构进行详细介绍;《承载与远见:机制催生创新》,介绍深圳如何进行产业创新机制的探索,对生命健康产业、人工智能产业、机器人产业等战略性新兴产业做重点介绍,讲述包括国内医疗器械行业第一家获得国家科学技术进步奖一等奖的企业——普门科技、爱国实业家唐翔千先生投资创办的清溢光电、专业的智能制造和智慧物流系统提供商今天国际等知名企业的创业故事;《催化与裂变:科技联姻金融》,介绍深圳通过研发资金改革推动科技金融创新,通过科技金融服务平台建设推动科技产业的发展,介绍深创投、高新投、天使母基金、达晨、基石资本、创东方、担保集团、工商银行科创中心、平安产险等知名创投企业和金融机构是如何帮助创业者走向成功的。

这是《中共中央 国务院关于支持深圳建设中国特色社会主义先行示范区的意见》出台后第一部系统梳理深圳科技创新经验的丛书,将对我国的科技创新事业起到巨大的推动作用。正如习近平总书记所说:"从全球范围看,科学技术越来越成为推动经济社会发展的主要力量,创新驱动是大势所趋。新一轮科技革命和产业变革正在孕育兴起。""国际金融危机发生以来,世界主要国家抓紧制定新的科技发展战略,抢占科技和产业制高点。"在日趋激烈的全球综合国力竞争中,我们没有别的选择,非走自主创新道路不可,中国需要在新一轮的科技竞争中一马当先。

如今,在建设粤港澳大湾区和建设中国特色社会主义先行示范区"双区驱动"的时代背景下,深圳将承担更为重大的历史使命。如果说最初改革开放先行先试是深圳的使命，今天先行先试已经成为这座城市的自觉追求，沉淀为深圳的城市基因，科技创新更已融入深圳的文化血脉中。希望"深圳先行示范丛书"像一道光，照亮祖国大地上的每一座城市，希望更多的城市会迸发出科技之光，为中华民族屹立于世界之林贡献巨大力量。

　　不创新就要落后，创新慢了也要落后。要激发调动全社会的创新激情，持续发力，加快形成以创新为主要引领和支撑的经济体系和发展模式。要积极营造有利于创新的政策环境和制度环境，对看准的、确需支持的，政府可以采取一些合理的、差别化的激励政策。要改善金融服务，疏通金融进入实体经济特别是中小企业、小微企业的管道。

　　——习近平总书记在长春召开的部分省区党委主要负责同志座谈会上的讲话（2015 年 7 月 17 日）

深圳先行示范丛书

SHENZHEN

XIANXING

SHIFAN

CONGSHU

contents 目录

第
一
章

营造良好的
科技金融生态

深圳先行示范丛书

SHENZHEN
XIANXING
SHIFAN
CONGSHU

科学技术是第一生产力，金融是现代经济的核心。人类社会每一次产业革命的兴起，无不源自科技创新，成于金融创新。科技创新和金融创新是人类社会变革生产方式的两大引擎。

促进科技与金融的结合，可以实现科技资源与金融资源的有效结合和同步增值，极大地推动科技成果转化和高新技术产业发展以及技术资本化，让科技与金融这两个优势产业"强强联姻"，产生巨大的裂变，有力地推动社会进步和经济繁荣。

深圳是我国科技创新实力最强的城市之一，培育了华为、腾讯、大疆、比亚迪等一批知名科技企业；深圳也是我国重要的金融中心，形成了主板、中小板、创业板、产权交易所等多层次资本市场体系，孕育了平安集团、深创投、高新投等著名金融机构。近年来，深圳立足科技产业与金融产业的自身优势，大力推动科技与金融相结合，成为全国首批科技和金融结合试点城市，其先行先试的做法，对于当前全国推动金融服务实体经济、助推经济转型升级具有重要启示意义。

1. 我国科技金融实践历程

1985 年，国务院批准成立以国家科委、财政部为依托的中国第一家创业投资公司——中国新技术创业投资公司，这是公认的中国风投鼻祖。在中国新技术创业投资公司成立之前，筹备组曾到北京、广东、福建等当时经济较为发达的地区进行调研，得出的结论是："创业投资所支持的高技术产品市场前景极好"，用贷款的方式不能很好地解决高新技术发展的问题，只能用创业投资的方式加以解决。

同年，中国人民银行、国务院科技领导小组办公室联合发布了《关于积极开展科技信贷的联合通知》，要求"各专业银行和其他金融机构，要在其核定的信贷计划总量范围内，调剂一部分贷款，积极支持科技事业的发展"。以上事件标志着中国科技金融的实践拉开了帷幕。

在 1988 年开始实施火炬计划的背景下，1990 年，中国人民银行设立了科技开发贷款项目。该项目主要用于支持国家级科技开发计划和地方各级科技计划的成果转化，与国家拨款、企业自筹资金共同构成了科技投入的三大支柱。此外，随着 1991 年《国务院关于批准国家高新技术产业开发区和有关政策规定的通知》等一系列政策的出台，高新技术企业所得税减免、企业科研设备进口税收优惠、企业技术转让、技术设备折旧等大批财政、税收和产业优惠政策先后实施。

中国创业投资业始发于 20 世纪 80 年代。中国新技术创业投资公司在北京成立后，由于退出难、管理机制不顺等原因，并无大发展，后来因违规炒作房地产和期货被中国人民银行关闭清算。20 世纪 90 年代后，我国经历了从创业投资起步到各地开始资本市场建设的过程。1992 年，沈阳成立了科技风险开发性投资基金，采用贷款担保、贴息垫息、入股分红等多种投资方式投资科技型企业；上海在国内首次引入外资，与美国国际数据集团（IDG）联合成立太平洋技术风险投资中国基金。1998 年，"中国风险投资之父"成思危代表民建中央在全国政协九届一次会议上提出著名的"一号提案"，创业投资自此开始受到国家的高度重视。

作为改革开放的窗口，深圳在创业投资领域步伐迈得很快。1994 年，深圳高新投成立；1999 年，深创投成立；1999 年，高新技术企业"有研硅股"成为全国第一只上市科技股票；2003 年《深圳经济特区创业投资条例》发布，2005 年国家十部委联合发布《创业投资企业管理暂行办法》；2004 年，深交所推出中小企业板；2009 年，深交所推出创业板。

我国企业债券市场兴起于 20 世纪 80 年代。1984 年（一说是 1982 年）到 1986 年，企业债券市场处于萌芽阶段，国家尚未进行规范管理，也没有相应的法律法规。1987 年，国务院颁布实施了《企业债券管理暂行条例》，到 20 世纪 90 年代，企业债券市场进入快速发展阶段。1998 年，按照"统一资质、统一协调、统一设计、统一发行"原则，科技部首次尝试以市场化方式发行高新区债券，发行规模达 13 亿元。2003 年，科技部组织高新技术企业集合债券发行工作，全国不同高新区的 12 家企业，采用"统一冠名，分别负债，分别担保，捆绑发行"方式，发行了总额为 8 亿元的"03 高新债"，开了我国中小企业集合发债的先河。

2010 年，由科技部牵头，协同财政部、中国人民银行、国家税务总局、中国银监会、中国证监会、中国保监会召开了科技金融合作座谈会，我国科技金融开始形成稳定的工作机制，涵盖决策层、运作层和操作层三个方面。在决策层，科技部与中国人民银行、中国银监会、中国证监会、中国保监会建立了部行（会）合作机制，与中国人民银行、中国保监会等共同研究制定促进科技发展的政策文件，形成了财税政策、金融政策和科技政策等多层面的政策体系；在运作层，科技部与国家开发银行、中国进出口银行、中国农业发展银行、中国银行、农业银行、光大银行、招商银行、中信银行等金融机构建立了合作关系；在操作层，政府、金融机构、企业进行了大量的创新实践。

2011年7月，科技部发布了《国家"十二五"科学和技术发展规划》（以下简称《规划》），明确提出"完善科技和金融结合机制，建立多渠道科技融资体系。加快发展服务科技创新的新型金融服务机构，积极探索支持科技创新的融资方式"。《规划》将科技金融定义为："通过创新财政科技投入方式，引导和促进银行业、证券业、保险业金融机构及创业投资等各类资本，创新金融产品，改进服务模式，搭建服务平台，实现科技创新链条与金融资本链条的有机结合，为初创期到成熟期各发展阶段的科技企业提供融资支持和金融服务的一系列政策和制度的系统安排。"

根据《关于印发促进科技和金融结合试点实施方案的通知》要求，2011年10月20日，科技部、中国人民银行、中国银监会、中国证监会、中国保监会启动了促进科技和金融结合试点工作，联合下发了《关于确定首批开展促进科技和金融结合试点地区的通知》，确定中关村国家自主创新示范区、天津市、上海市、江苏省、浙江省"杭温湖甬"地区、安徽省合芜蚌自主创新综合实验区、武汉市、长沙高新区、广东省"广佛莞"地区、重庆市、成都高新区、绵阳市、关中—天水经济区（陕西）、大连市、青岛市、深圳市16个地区为首批促进科技和金融结合试点地区。此后，全国掀起了科技金融实践的热潮。

2016年，我国扩大科技和金融结合试点范围，在郑州市、厦门市、宁波市、济南市、南昌市、贵阳市、银川市、包头市和沈阳市9个城市开展第二批促进科技和金融结合试点。

2. 科技金融是系统工程

科学技术是第一生产力，实现创新驱动发展战略的核心在于科技创新。金融是现代经济的"血脉"，是科技创新的第一推动力。科技创新离不开金融创新的支持。历史上，每一次产业革命的出现都离不开金融制度的创新、保障和支持。

纵观高新技术企业生命周期及其从无到有、从小到大再到强的历程，不难发现，其成长过程的不同阶段具有不同的风险特征和资金需求。

常言道："科技创新始于技术，成于资本。"科技金融的目的在于解决中小微科技型企业融资难、融资贵的问题，也在于促进科技创新、科技成果转化和高新技术产业发展以及技术资本化，还在于创新政府科技投入方式，积极发挥政府科技资金的引导、放大和杠杆作用，推进供给侧改革。

科技金融是一个系统工程，良好的科技金融生态是"创新链、产业链、资金链、服务链"的深度融合。基于产业链部署创新链，围绕创新链完善资金链，还要优化服务链。服务链是创新链、产业链、资金链的重要黏合剂，没有完善的服务链，创新链、产业链、资金链必然彼此隔离，难以融合。

科技金融生态具有鲜明的中国特色，是伴随中国金融推动科技创新和科技成果转化的实践而出现的一个本土化概念，是一个了不起的创造、一个伟大的系统工程。

需要注意的是，科技金融并非金融科技（Fintech）。金融科技是指科技创新带来的金融创新，是由金融科技创新带来的产品、流程、业务与新型的金融模式，既包含了金融服务的前端业务，又囊括了相关的后台技术。现阶段，我国金融科技产业主要包括互联网和移动支付、网络信贷、智能金融理财服务以及区块链技术等。科技金融与金融科技两者的服务对象不同，参与对象不同，产品不同。

目前，我国科技金融的主要业务板块包括四个：一是以科技信贷为主要内容的间接融资，二是以创业投资为主要内容的直接投资，三是以多层次为主要特征的资本市场，四是以"互联网＋"为主要特征的新金融。

3. 深圳促进科技与金融的深度融合

有着中国"硅谷"之称的深圳，科技创新十分活跃，随着科技型中小微企业的不断涌现，深圳意识到不能单纯依靠政府无偿的科技研发资金投入，而是要探索一条创新财政科技投入方式的道路，进而促进科技和金融紧密结合。

企业的资金需求与传统科研经费发放的矛盾日益尖锐，如何更好地发挥市场的主导作用，在科研经费的发放中有效地将政府的有形之手与市场的无形之手结合，达到"四两拨千斤"的作用，对此，深圳科技界进行了多年探索。

深圳在科技金融创新领域的探索可分为两个阶段：第一阶段是 2011 年到 2016 年，这是深圳加强顶层设计，大胆探索科技金融创新的阶段。2011 年，深圳被列入全国首批 16 个开展促进科技和金融结合的试点地区以来，通过政策与服务体系双轮驱动，已初步构建出一个立体化、多元化的科技金融服务体系，形成了涵盖种子基金、天使投资、创业投资、政府创业投资引导基金和担保资金等全链条的金融服务体系，来覆盖创新型中小微企业整个生命周期的成长。一方面，深圳充分发挥财政资金引导功能和杠杆效应，通过改革科技研发资金投入方式，撬动银行、保险、证券等资本市场各种资源投向科技创新，包括银政企合作贴息，补贴保费，鼓励银行进行知识产权质押贷款创新，发展创业投资，实施科技创新券等举措。另一方面，深圳相继挂牌成立了科技金融服务中心、科技金融联盟、科技金融促进会等多个机构及组织，旨在促进科技金融领域各创新要素的聚集，搭建科技企业和资本对接的舞台。

第二阶段是 2017 年至 2020 年，这是深圳补短板、抓重点，持续深化科技金融创新的阶段。2017 年 5 月 27 日，深圳市委书记王伟中在市委常委（扩大）会议上提出要以科技金融的深度融合加速科技成果转化，把深圳建设成更高水平的科技金融深度融合先行区。2017 年 8 月 24 日，深圳市委六届七次全会召开，王伟中书记代表市委常委会作工作报告，提出开展"创新之都建设行动"，以创建国家可持续发展议程创新示范区为契机，着力提升创新能力，培育壮大创新型产业，完善科技金融服务体系，加速集聚创新人才，加快建设国际科技产业创新中心。

2018 年 4 月 28 日，深圳市委常委会召开会议学习中央有关精神，王伟中书记主持会议并提出要强化改革创新，建立"基础研究 + 技术攻关 + 成果产业化 + 科技金融 + 人才支撑"的全过程创新生态链。2018 年以来，深圳在科技金融创新方面步子迈得更加坚实。2018 年年初，《深圳市关于加大营商环境改革力度的若干措施》正式印发。3 月，由深圳市政府投资引导基金出资成立首期 50 亿元的天使投资引导母基金。6 月，深圳市知识产权质押融资风险补偿基金启动运行，首期规模 3000 万元，存续期 5 年，对应银行贷款 3 亿元，单笔质押贷款不超过 500 万元，风险补偿 25%，其余风险由银行、担保机构承担。9 月，深圳出台《关于强化中小微企业金融服务的若干措施》，该措施规定，市财政出资设立总规模为 30 亿元的中小微企业融资担保基金，对由深圳市融资担保机构担保的中小微企业贷款融资和债券融资业务进行再担保，当发生代偿时，融资担保基金和担保公司分别按 5：5 的比例分摊风险。此举通过为融资担保行业增信的方式，支持融资担保行业发展壮大，为解决中小微企业、创新创业企业融资问题牵线搭桥。该措施还规定市财政出资设立初始规模为 20 亿元的中小微企业贷款风险补偿资金池，对合作银行为本市中小微企业发放 3000 万元（含）以下规模贷款形成的不良贷款（中小微贷款评定为"次级"）实行风险补偿。

2018 年 12 月，深圳市政府印发《关于以更大力度支持民营经济发展的若干措施》，以更大力度、更优政策、更好服务支持民营企业发展，提出降低企业生产经营成本超过 1000 亿元，新增银行信贷规模 1000 亿元以上，新增发债 1000 亿元以上，设立总规模 1000 亿元的民营企业平稳发展基金。2019 年 4 月，私募债券"19 海普瑞"发行规模为 7 亿元，期限 3+2 年，票面利率 5.5%。在深圳高新投的助力下，海普瑞在债券募集过程中，得到了各大金融机构的踊跃认购，获得 2 倍超额认购额，5.5% 的票面利率也创下近期 AA+ 民营企业发债利率新低。作为深圳首批 14 家民营企业代表，2019 年 2 月 28 日，海普瑞与深圳高新投签署首批债券发行战略合作协议，短短一个半月时间，由高新投担保的公司债券成功发行，这也标志着深圳支持民企发债千亿专项计划进入加速落地阶段。

实践证明，实现新增民营企业发债 1000 亿元以上，增强投资者对担保债券的信心，降低民营企业债券发售难度和发行成本，推动新增民营企业发债 1000 亿元以上，帮助深圳更多民营企业通过发债融资。通过制定让利措施等，吸引社会资本参与，组建总规模 1000 亿元的民营企业平稳发展基金。基金以股权投资方式，重点用于解决深圳优质民营上市企业大股东股票质押风险、优质上市公司流动性紧缺问题，以及对发展前景较好的民营企业进行必要的救助或资金支持。

综上所述，深圳充分发挥市场在资源配置中的决定性作用，建立了无偿与有偿并行、事前与事后结合的财政科技投入机制，形成多元的有效组合投入方式，充分利用财政资金引导、放大和激励作用，全面撬动银行、保险、证券、创投等资本市场各种资源投向科技创新，建立了包括银行信贷、证券市场、创业投资、担保资金、政府创业投资引导基金、天使投资引导基金等覆盖创新链的多元化科技投融资体系，走出一条深圳特色的科技金融发展之路。

第
二
章

深圳科技金融的
创新实践

深圳先行示范丛书

SHENZHEN

XIANXING

SHIFAN

CONGSHU

深圳充分发挥财政资金引导功能和杠杆效应，通过改革科技研发资金投入方式，撬动银行、保险、证券、创业投资等资本市场各种资源投向科技创新，形成了科技创新资金良性循环和保值增值，促进了科技创新事业进一步繁荣。

深圳在科技金融方面做出了一系列卓有成效的创新实践，包括实施银证企合作贴息，撬动银行业资源；实施科技保险保费资助，撬动保险业资源；引导信贷模式创新，加强银行机构等组织对科技型企业的融资支持；同时，发挥创业投资引导基金、天使投资引导基金和科技创新券等的作用，引导社会资金服务于深圳科技创新事业。

1. 实施银证企合作贴息，撬动银行业资源

2013 年 11 月，深圳出台了《深圳市科技研发资金投入方式改革方案》，通过科技与金融结合手段，推动社会资本向科技创新聚集。银政企合作贴息，撬动银行业资源流向科技创新，就是深圳科技金融工作的一个重要创新举措。

实施银政企合作梯级贴息资助，撬动银行业资源。一次性从市科技研发资金中安排 4 亿元作为委托贷款本金，以定期存款方式存入政府合作银行，存期为 1 年。合作银行应按受委托资金额度的 6 至 10 倍，在自主审贷、自担风险基础上，对科技部门项目库中的企业放贷，同时须按一定比例实施无抵押、无担保的信用贷款。贷款期为 1 年以内。单个企业多个年度分别获得贷款的，累计贷款年限最长为 3 年，属战略性新兴产业的年限最长为 5 年。转贷本金到期回收，滚动使用。为分散整体风险，单个企业贷款金额最高为 1000 万元。

市财政每年安排贴息资金 4200 万元，对获得委托转贷资金的企业予以贴息。贴息比例按基准利率计算，根据项目所属产业领域、企业性质和规模等因素设定贴息梯次，并根据实际贷款金额、银行信用风险、当年资金规模等因素确定具体贴息比例，具体比例每年根据市政府产业布局重点进行调整，贴息总额不超过企业贷款利息总额。

市财政每年安排风险准备金 800 万元，对合作银行产生的实际坏账损失予以事后风险补偿。合作银行的最高风险补偿金额为委托贷款本金的 2%。市财政部门会同科技部门按照深圳银监局、市财政部门对银行考核结果、各银行承担政策性企业融资平台任务完成情况（如再担保、互保金等）、扶持科技型企业业务情况等客观指标，以公开、公平方式，确定 2 至 3 家合作银行，并按年度对合作银行进行考核。

银政企合作贴息项目具有两大积极意义：一是改变了以往单纯由财政资金支持科研创新的做法，发挥了财政资金引导和放大作用，撬动银行资本加大科技创新的投入，吸引了社会资金关注科技创新；二是以往科研经费发放时，由政府审查项目，强度大、难度高，而在银政企合作贴息项目中，贷款的发放主要由银行进行专业的尽职调查和项目管理，降低了政府审查项目的工作难度，从制度上防止权力寻租，提高政府决策的科学性与规范性。这项改革措施，既让政府简政放权，又调动了银行和企业的积极性，取得了良好的效果。

2018 年，深圳市通过银政企合作贴息、天使及创业投资引导、科技金融服务体系建设，撬动银行、保险、证券、创业投资等资本市场各种资源支持企业创新创业成效明显。全年银政企项目新入库 416 个项目，对 132 个银政企合作贴息项目予以 3036 万元贴息支持，500 多家入库企业获得合作银行贷款，发放贷款总额近 100 亿元。①

2. 资助科技保险保费，撬动保险业资源

深圳市政府每年从市科技研发资金中安排 1000 万元，对已投保高技术保险的高新技术企业、战略性新兴产业企业、软件企业等予以保费资助，资助比例最高为企业实际保费支出的 50%。企业申请资助的保险是根据保监发〔2006〕129 号文规定的 6 个险种：产品研发责任保险，关键研发设备保险，营业中断保险，出口信用保险，高管人员和关键研发人员团体健康保险，高管人员和关键研发人员团体意外保险。资助比例最高为企业实际保费支出的 50%（产品升级类保险最高可达 80%），每家企业每年资助总额最高为 50 万元。资助的目的是鼓励深圳企业参与科技保险，有效分散、化解创新创业风险，降低创业成本。

2012 年 11 月，深圳市人民政府印发《关于促进科技和金融结合的若干措施》，明确支持科技保险试点。除了对高新技术企业购买创新科技保

① 数据来源于《深圳市科技创新委员会 2018 年工作总结与 2019 年工作计划》。

险产品予以保费资助，探索利用保险资金参与重大科技基础设施建设制度，还创新科技保险产品，支持保险机构为高新技术企业开发知识产权保险、首台（套）产品保险、产品研发责任险、关键研发设备险、成果转化险等创新保险产品。支持保险机构与银行、小额贷款公司等合作开发知识产权质押贷款保险、信用贷款保险、企业债保险、小额贷款保证保险等为高新技术企业融资服务的新险种。并且，进一步完善科技保险风险分担机制，畅通政府、保险机构、企业之间的信息共享渠道，支持保险机构、银行、再保险机构和担保机构等共同参与科技保险新产品风险管理工作。

截至 2019 年年末，深圳市科技保险累计提供风险保障达 1657.6 亿元。其中，重点服务于高新技术产业的首台（套）重大技术装备保险累计提供风险保障达 7.1 亿元；专利保险覆盖中小微科创企业近 5000 家，提供风险保障约 30 亿元。

3. 知识产权质押融资

知识经济时代与新旧动能转换关键期的到来，加速了科创型中小企业创新发展与产业升级，而科技的创新与技术的提升，使知识产权不仅仅是科创型中小企业无形资产的重要组成部分，而且成为科创型中小企业主要的战略性资源。

知识产权质押融资有助于科创型企业充分发挥知识产权价值，加速企业将"知本"转化为"资本"的进程，成为适应创新创业发展的新方式。深圳不断促进知识产权质押融资，具体包括确立知识产权质押融资风险补偿体系、完善知识产权质押融资配套政策、形成知识产权质押融资服务体系、增强知识产权质押金融产品创新等四个方面：

——推动以财政资金支持为引导的市场化运作的知识产权质押融资风险补偿体系基本确立。以市场自主开展为导向、财政资金为支撑、符合深圳发展需求为目标，2012年4月，《深圳市促进知识产权质押融资若干措施》正式出台，建立了知识产权质押融资再担保体系，由深圳市再担保中心为全市的知识产权质押融资业务提供再担保，再担保中心、融资性担保机构、商业银行原则上按照5∶4∶1的比例承担贷款风险，再担保中心可按再担保额2%的比例安排风险补偿金；建立了知识产权质押融资坏账补偿机制，2016年出台的《关于促进科技创新的若干措施》，探索知识产权质押融资登记制度，对银行向创新型中小微企业开展知识产权质押融资产生的实际损失，予以一定比例、单笔最高200万元的事后补偿；建立了知识产权质押融资风险补偿基金，2017年设立的知识产权质押融资风险补偿基金，创新性通过引入市属国有金融企业联合财政资金，以中央服务业专项引导资金1000万元，引入融资担保公司自有资金2000万元出资，存续期为5年，基金规模达3000万元，于2018年6月启动。

由知识产权质押融资再担保机制、坏账补偿机制、风险补偿基金机制共同构成的深圳知识产权质押融资风险补偿体系，降低了银行和担保机构的资金风险，极大地提升了深圳金融机构参与和开展知识产权质押融资工作的积极性。

——推动以贴息补费为主要手段的深圳市知识产权质押融资配套政策支持体系逐步完善。为推进知识产权质押融资工作，推动南山区、福田区试点出台了知识产权质押融资配套政策，形成了以贴息为基础的知识产权质押融资配套政策体系。南山区以区自主创新产业发展专项资金为依托，开创了知识产权质押融资的"南山模式"，对辖区内科技型企业通过知识产权质押方式在银行取得贷款所产生的中介费用和利息进行补贴。福田区参考"南山模式"，于 2013 年 9 月出台了知识产权质押融资激励措施，每年安排 500 万元专项资金，对申请知识产权质押融资的中小微企业及相关服务机构给予利息和费用补贴。2019 年 8 月，深圳市印发《深圳市知识产权运营服务体系建设专项资金操作规程》，出台了全市知识产权质押融资贴息贴补政策，对深圳企业开展知识产权质押融资且还清贷款本息的，给予一定的贴息贴补。

以区域试点、全市推广复制模式的质押融资贴息补费扶持政策，能够较好地推动中小微企业、银行等机构参与知识产权质押融资工作。

——推动以公共服务为核心的深圳市知识产权质押融资服务体系已经形成。大力加快知识产权质押融资公共服务体系建设，开展包括知识产权质押融资宣贯会、对接会、"加油"计划重大专项、知识产权质押融资项目集中展示等服务工作，并建立以国家专利技术（深圳）展示交易中心为依托的知识产权交易平台，形成从质押融资前期到后期的全链条知识产权质押融资服务体系。自 2015 年以来，深圳市知识产权局组织实施了知识产权投融资"加油"计划重大专项。5 年来，"加油"计划重大专项面向深圳征集知识产权投融资项目 260 项，涉及电子信息技术、节能环保、智能硬件、新能源、新材料等技术领域，推动 70 个优质项目在高交会期间集中展示。

——推动以市场主体自发创新知识产权质押融资产品为导向的金融产品创新氛围逐渐增强。推动政府和银行机构间合作，银行在发现新的市场需求后不断创新自身知识产权质押融资产品体系，政府也在引导银行、服务机构在知识产权质押融资领域不断探索，以形成更为完善、更多选择的知识产权质押融资产品体系，先后发布了"深智贷""微知贷"等多个知识产权投融资金融创新产品。通过努力，深圳市社会资本参与知识产权金融的积极性明显提高，深圳市的知识产权服务机构在创新知识产权投融资产品、知识产权投融资引入"互联网＋"概念、投贷联动、知识产权证券化及保险等方面进行了有益的探索与尝试。

2019年12月26日，深圳首单知识产权证券化产品"平安证券—高新投知识产权1号资产支持专项计划"在深交所正式挂牌，该专项计划以知识产权质押贷款债权为基础资产，首期发行规模达1.24亿元，是全国首单以小额贷款债权为基础资产类型的知识产权证券化产品，实现了深圳知识产权证券化"从0到1"的历史性突破。截至2020年8月，深圳已有两个知识产权证券化产品落地。

如今，全市知识产权质押融资工作取得实效，出台实施一系列知识产权质押融资政策，完善质押融资风险补偿体系，建立坏账补偿机制及风险补偿基金，2019年深圳全市专利权质押登记达158件，惠及企业143家，涉及专利1021件，质押金额达30.87亿元。同时，知识产权专利保险示范工作稳步推进，制定专利保险示范工作方案，研发符合市场需求的新险种，签署落实保险战略合作协议，深圳市累计投保企业逾千家，保障金额达31亿元。

4. 发展创业投资和股权投资

在《关于促进科技和金融结合的若干措施》中，第二条内容是发展创业投资和股权投资。

促进创业投资企业发展。发挥市政府创业投资引导基金的引导和放大作用，支持各区政府（新区管委会）设立创业投资引导基金，引导创业投资机构投资初创期、成长期的战略性新兴产业领域企业。支持民间资本参与发起设立创业投资、股权投资和天使投资基金。

扶持股权投资基金发展。落实深圳市促进股权投资基金业发展的有关规定，对符合条件的股权投资基金企业实施优惠政策。鼓励符合条件的创业投资企业通过债券融资等方式增强投资能力。创业投资企业采取股权投资方式投资于未上市的中小高新技术企业 2 年以上，可以按照其对中小高新技术企业投资额的 70%，在股权持有满 2 年的当年依法抵扣该创业投资企业的应纳税所得额；当年不足抵扣的，可以在以后纳税年度结转抵扣。

营造创业投资集聚发展环境。利用深圳市股权投资基金政策，探索设立股权投资服务中心，构建"一站式"综合型服务平台。鼓励企业孵化器、科技园区通过天使投资俱乐部、创业投资俱乐部等形式，汇聚创业投资资源。加强创业投资和股权投资行业发展的前瞻性研究，支持在深圳举办科技金融高端论坛。

2015 年 6 月 1 日，《深圳市财政产业专项资金股权投资管理办法（试行）》生效。该办法规定，股权投资对象是从事高新技术产品研究开发的中小微企业；申报单位为在深圳市依法注册、具有独立法人资格的有限责任公司、股份有限公司，或深汕合作区内注册的深圳企业；申报单位为从业人员 1000 人以下或营业收入 4 亿元以下的中小微企业。股权投资的特点是财政资金出资形成的股权占被投企业总股本的比例不超过 30%，且不作为第一大股东；政府及其受托管理机构不参与具体生产经营活动。参股期限方面，受托管理机构参股期限一般为 3 年，不超过 5 年，但持股期内申请单位获准公开发行上市除外。股权估值方面，按每股净资产的 3 倍为入股价，约定固定收益。股权退出方面，受托管理机构按照投资时的约定，采取协议转让的方式将股权转让给责任股东，由合法国有产权交易机构鉴证。

被称为"拨改投"的股权有偿资助，则是一项全新的科技金融政策。政府资金进入企业后，阶段性占有企业股份，不控股，不参与企业经营，在企业经营走上良性循环后，政府占股资金再按照退出机制适时退出。这等于把企业扶上马再送一程。

深圳市科创委负责人表示，股权投资项目的实施改变了以往政府无偿资助和直接管理项目的支持、管理方式，通过财政资金阶段性地持有股权、适时退出，为财政资金保值增值、良性循环开辟了新路径。

深圳市投贷联动工作稳步发展，据统计，截至 2019 年年末，投贷联动存量客户为 144 户，贷款余额达 8.6 亿元，比 2019 年年初分别增加了 7户、1.6 亿元。

5. 天使投资引导

2013 年 11 月，《深圳市科技研发资金投入方式改革方案》发布，其中明确提出引导天使投资。通过实施天使投资引导项目资助，撬动社会创业资本。每年从市科技研发资金中安排 1000 万元，对市政府创业投资引导基金参股设立、以深圳战略性新兴产业早期项目为主要投资对象的天使基金，其投资于深圳的天使投资项目，经有关部门确认后，对被投资企业按其获得实际现金投资额的 2%，最高 50 万元予以一次性资助。天使投资企业界定参照 2011 年财政部、国家发改委印发的《新兴产业创投计划参股创业投资基金管理暂行办法》有关规定执行。

　　此次改革目的是借助创投机构，帮助政府部门挑选具有发展潜力的高技术领域早期项目在深圳扎根发展，并引导社会创投机构投向初创期项目，完善创新创业环境。重点支持领域包括互联网、生物、新能源、新材料、新一代信息技术、节能环保等战略性新兴产业，海洋、航空航天、生命健康等未来产业，先进制造和涉及民生改善的科技领域。

　　2018 年 3 月，深圳成立了国内规模最大的市场化运营天使母基金——深圳市天使投资引导基金有限公司。深圳天使母基金是深圳市政府发起的战略性、政策性基金，是深圳对标国际一流、补齐创新投资短板，助力种子期、初创期企业发展的重大政策举措。深圳天使母基金首期规模为 50 亿元人民币，天使母基金管理公司由综合实力雄厚的深投控与中国创业投资机构常年排名第一的深创投联合设立，充分发挥母基金规模最大、出资比例最高、超额收益全部让渡等政策优势，撬动社会资本投入天使项目中。

6. 科技创新券

　　2015 年 9 月，《深圳市科技创新券实施办法（试行）》出台，2020 年 2 月修订为《深圳市科技创新券管理办法》，自 2020 年 3 月 1 日起正式施行。

　　该办法所称科技创新券，是指由市科技行政主管部门利用财政资金支持科技型中小微企业（以下简称企业）、创客团队向服务机构购买与其科技创新活动直接相关科技服务的一种政策工具。创新券由企业、创客团队申领和使用，由服务机构收取和申请兑现。

早期科技创新券的适用范围包括研究开发、技术转移、检验检测认证、创业孵化、知识产权、科技咨询、科技金融、科学技术普及等科技服务。2020 年调整为：（1）研究开发服务，主要包括工业（产品）设计、集成电路设计、技术解决方案、中试及工程化开发、云计算等服务；（2）技术转移服务，主要包括技术转移、成果转化等服务；（3）检验检测认证服务，主要包括产品检验、指标测试、产品性能测试、集成电路封装测试等服务；（4）知识产权服务，主要包括知识产权代理、知识产权检索分析等服务。

按申请单位类别不同，早期创新券申领设置不同的额度，其中，中型企业、小型企业、微型企业、创客个人单次申领额度上限分别为 20 万元、10 万元、5 万元、1 万元。科技创新券有效期为 1 年。

自 2020 年起，创新券申请兑现应当符合以下条件：（1）以科技创新券支付的科技服务费用不超过服务合同金额的 50%；（2）完备的服务协议（合同）、付费发票等服务凭证；（3）服务事项已在"深圳市科技业务管理系统"中登记备案；（4）服务交易双方应当不存在任何投资与被投资、隶属、共建、产权纽带等影响公平公正市场交易的关联关系。

深圳推动科技金融的实践表明，科技金融的健康发展实现了科技创新成果与资本市场的无缝对接，金融创新为深圳科技创新提供源源不断的资金供给，有力地推动了深圳高新技术产业的迅猛发展，同时，也带动了深圳金融产业的快速发展，营造了科技、金融、产业相互融合、相互促进的良好发展生态。

第三章

完善科技金融
服务体系

SHENZHEN
XIANXING SHIFAN
CONGSHU

深圳先行示范丛书

SHENZHEN

XIANXING

SHIFAN

CONGSHU

深圳积极引导金融机构和相关服务机构加大对科技创新倾斜力度，促成银行、证券、保险、投资、担保等机构之间互动，加强其与政府科技研发资金有机结合，全面形成高效运转的科技创新金融支撑服务体系。

1. 科技金融的"三级架构"

深圳市高新区创业投资服务广场是对科技金融结合的先行探索。2007年10月，创业投资服务广场正式成立，旨在进一步完善高新区创业服务体系，解决中小微科技企业融资难、融资贵问题。引进专业创业投资基金，券商投行部和非上市业务部，产权交易所，评估、会计、律师事务所及担保、信用、专利服务中介机构。形成"聚集效应"和"投融资服务链"，为处于不同成长阶段的中小微科技企业提供"多层次、立体化、全过程"融资服务。

2011年，在成为首批促进科技和金融结合试点地区后，深圳专门成立了由分管副市长担任组长的深圳市促进科技和金融结合试点工作领导小组，在市科技创新委员会设立科技金融领导小组办公室。2012年6月8日，深圳市科技金融服务中心挂牌成立后，深圳市科技金融的"三级架构"正式形成。

这个三级架构的设计，最直接的目的就是解决中小微科技企业融资难和融资贵的问题。不过，深圳在实践中发现，虽然科技金融的三级架构已经形成了，科技金融的相关政策也出台了，但科技企业和投资机构依然很难实现"联姻"，这里面最主要的障碍就是信息障碍。深圳市科技金融服务中心成立之后的第一战，就是探索推行"市区联动"的结合模式，以期打破信息障碍的制约瓶颈。

深圳市科技金融服务中心的职责与任务是落实深圳市促进科技和金融结合试点工作领导小组办公室（市科技创新委员会）交办的各项工作；负责高新区创业投资服务广场的管理和服务；负责深圳市科技金融联盟的建设；宣传推介科技金融政策；市区园联动，支持和帮助各区开展科技金融结合工作；搭建科技金融服务平台，营造科技金融生态圈。

深圳市科技金融服务中心挂牌于高新区服务中心，这里成为促进科技金融结合试点城市的支撑平台，中心通过开展科技金融对接的日常工作，建立企业信息库，打造科技企业和资本对接的"舞台"，促进企业和银行、创投、引导基金对接。同时，中心还创新科技投入方式，放大政府资金，吸引社会资金源源不断地投入科技创新。

2.国内首个科技金融联盟成立

2012 年 12 月，在深圳市科技金融服务中心的主导下，深圳市科技金融联盟成立，这是国内第一家科技金融联盟，现已汇聚 300 多家投融资机构和科技企业为会员单位，覆盖了整个科技金融链条。深圳成立科技金融联盟后，全国多地的科技金融联盟也纷纷成立。

2013年6月，深圳市科技金融联盟龙岗服务中心成立；2014年6月，深圳市科技金融联盟龙华服务中心成立；2014年8月，深圳市科技金融联盟宝安服务中心挂牌。深圳市科技金融联盟吸纳和扩大联盟成员，汇聚全市的科技金融资源；举办各种讲座、推介会、沙龙、对接会、论坛等活动；出版发行《科技金融》杂志（双月刊），提供科技金融发展趋势及前沿资讯；建设科技金融网站，为联盟成员提供信息服务；推进科技金融"市区园联动"，在各区成立联盟分部、工作站，进一步提升融资服务水平。

为了延伸科技金融的服务触角，在区级服务中心建立后，深圳市科技金融联盟又分别在龙岗区大运软件小镇、宝龙高新区、中海信科技园、龙岗天安数码城、光明留学生创业园、高新区弈投孵化器等地设立了多个科技金融联盟工作站。如果说三级架构是深圳科技金融的"骨架"，那么"市区联动"就是"血管"，而这些工作站则相当于科技金融的"毛细血管"。

如今，深圳已初步形成包括种子基金、天使投资、创业投资、担保资金和政府创投引导资金、政府产业基金等在内的，覆盖创新链条全过程的科技金融服务体系。企业从项目研发到成果转化和产业化，以及上市全过程，都能得到高效的金融服务支持。

《深圳市科技研发资金投入方式改革方案》的出台，就是希望撬动全社会的资源投入科技创新。在金融方面，把银行、担保、保险、投资、技术、企业、服务组成联动机制，形成一个完整的科技金融体系。该方案明确提出"完善科技金融服务体系"，每年从市科技研发资金中安排1000

万元，用于科技金融服务体系建设和完善，包括创投服务、科技金融人才培训、信用体系服务、投贷联动服务、科技金融高端论坛等。支持和鼓励开展区域性交易市场融资，中小企业集合债、区域集优债等科技金融创新业务。单个项目最高资助 100 万元，项目单位为企业的，资助比例最高为合理费用的 50%。这项改革的目的是引导金融机构和相关服务机构加大对科技创新倾斜力度，促成银行、证券、保险、投资、担保等机构之间互动，加强其与政府科技研发资金有机结合，全面形成高效运转的科技创新金融支撑服务体系。

据统计，2014 年，深圳科技部门一共向银行推荐了科技型企业五批次近 500 家，其中前四批已完成批贷，100 多家企业获得了贷款。10 亿元的贷款总额中，5.6 亿元属于无抵押担保的纯信用贷款。通过政策，拉动社会机构对中小微型科技企业的投资资金达 20 亿元。

3. 中国科技金融联盟落地深圳

深圳科技产业迅猛发展，科技金融发挥了不可替代的作用。中国科技金融联盟于 2017 年 6 月在深圳正式揭牌。这意味着，作为样板的"科技金融联盟"模式从深圳走向了全国。

2017 年 6 月 7 日，由科技部指导，中国科技体制改革研究会科技金融税收促进专业委员会、国家科技金融财税创新研究院、深圳市科技创新委员会以及深圳市龙岗区政府联合主办的"2017 年中国科技金融高峰论坛暨首届中国科技金融联盟工作交流会"在深圳五洲宾馆成功召开。本次论坛以"构建科技金融生态圈，促进科技、产业创新"为主题，邀请企业家代表、金融界精英、产业园区代表等 400 余人，共同探讨"双创"时代背景下，政府和金融机构如何更有效发挥资源配置的作用，协助科技企业抓住机遇，参与全球分工与挑战，为产业转型升级和供给侧改革出力。

此次论坛特地为中国科技金融联盟成立举行一场隆重的揭牌和授牌仪式，宣告中国科技金融联盟正式成立。中国科技金融联盟是全国各地的高新区和科技金融领域的企事业单位联合发起成立的、自愿组成的非营利性、非注册和开放式的联盟，首批共有 28 家单位获联盟授牌。

联盟的宗旨为积极贯彻创新驱动发展战略，推动供给侧改革，进一步促进科技金融的深度融合，驱动经济结构调整和产业转型升级；促进科技金融领域各种创新要素的集聚，促进科技金融信息、资源的有效对接互动，进一步完善科技金融结合的服务体系，引导社会资源不断投入科技创新，为高新技术产业和金融业的融合发展创造新的机遇。为全国各地科技型企业搭建"全方位、专业化、一站式"的创新型金融服务平台，打造优质的"科技金融生态圈"，促进科技、产业创新。

就在 2017 年第二季度，深圳市科技创新委员会对外公示了 2017 年第一批科技金融服务体系建设项目名单，其中包括"科技金融专员培训"等 7 个科技金融服务体系建设项目。科技金融服务体系建设项目的认定是深圳在构建科技金融服务体系，推进科技金融产业发展上的重要举措。

不论是推动成立科技金融联盟，还是资助科技金融服务项目的举措，都反映出深圳不仅关注创新链、资金链、产业链，而且也开始关注和完善服务链，加快推进科技金融服务体系的建设。

4. 科技企业常态化路演

2020 年 1 月 7 日，中国高新区科技金融信息服务平台推出了"智汇大湾区人才项目路演活动第六期"，常态化路演采取"现场路演 + 网上路演"方式，向全国的专业投资机构进行推介，以经济、高效、透明的方式促进投融资信息对接，打造永不落幕的路演平台。

哈瓦无人机亮相此次路演活动，吸引了多家投资者的眼光。该企业是一家致力于特种装备无人机研发与制造的国家级高新技术企业，拥有专利190 余项，曾获得迪拜阿基曼公共安全贡献奖。

像这样的路演活动在高新区创投广场每月都有一两次。其实，早在2015 年 10 月 19 日，由深圳市科技金融服务中心、深圳证券信息有限公司共同主办，中国高新区科技金融信息服务平台承办的首场"深圳国家自主创新示范区科技企业常态化路演"就在深圳湾创业广场举行，来自深圳的 5 家优质中小企业通过"现场路演＋网上直播"的方式进行了路演推介，包括嘟嘟巴士等 O2O 项目和车生活、健康养老云平台、菁优云教育平台等其他类互联网项目亮相路演活动。截至 2020 年 1 月，深圳国家自主创新示范区科技企业常态化路演已经累计举办 30 多场。

除了深圳市科技金融服务中心举办常态化路演活动外，深圳各区科技主管部门、深交所等机构也纷纷举办创新项目的路演活动，全市路演活动此起彼伏，创业项目和投资机构频繁对接。比如，由福田区企业发展服务中心主办的"深圳科技创新系列项目路演"，截至 2020 年 6 月 23 日已经成功举行了 38 场，先进制造、人工智能、文创科技等领域项目在此争相路演。再如，自然资源部与深圳证券交易所紧密合作，连续 5 年共同举办"海洋中小企业投融资路演"活动，直接服务对接超过 150 家涉海创新企业，支持涉海企业做优做强。

在"项目路演"活动上，处于不同成长期的企业会向投资家做自我推荐。投资家则以专业的眼光去寻找"金矿"。碰出火花者，投资家可以为企业提供初次融资、二次融资、政府基金、担保、改制、股权转让、上市辅导等支持，助推企业快速成长。

科技金融是近 20 年发展起来的一项崭新事业，虽然经过多年发展，大有改善，但深圳科技界长期存在的短板仍然需要补足，包括信息碎片化和孤岛化、科技金融要素流通不畅、资源配置不到位、科技金融服务体系不完善、科技金融服务平台短缺、服务的专业化和质量有待提高、科技金融的顶层研究和设计有待加强和落实等。因此，深圳未来还要继续促进创新链、产业链、资金链和服务链的融合，营造一流的科技金融创新融合生态环境。

第四章

建立多层次
资本市场

SHENZHEN
XIANXING SHIFAN
CONGSHU

　　上市公司是一个城市最具活力的微观主体，其数量也能反映城市的综合实力。作为中国资本市场的发源地之一，深圳孕育了中国第一批上市公司。一直以来，深圳本地企业依托资本市场的资源配置优势，从最早的"老五股"发展至 2020 年 6 月的 308 家 A 股上市公司，公司数量位居全国第二，在中国资本市场上形成了举足轻重的"深圳军团"，有力地支撑深圳和全国的建设发展。而登陆这些中小企业板、创业板和科创板的上市公司中有不少具有创投背景，创业投资是科技成果产业化的"助推器"。

　　据中国证券投资基金业协会统计，截至 2020 年 6 月，深圳辖区比较活跃的创投基金有 1.49 万只，占全国总量的 17.5%，居全国各辖区第二位，仅次于上海，高于北京；管理资金规模 1.84 万亿元，占全国总量的 13%，居全国辖区第三位，仅次于北京和上海；管理机构 4543 家，占全国总量的 18.5%，居全国各辖区第二位，仅次于上海，高于北京，特别是投资成功率，即上市被投资占资本市场上市企业的比率远高于北京和上海，比如有深圳创投背景的上市企业科创板占 40%，创业板占 30%，中小板占 20%。尤其在深圳，创业投资机构先后投资了华大基因、柔宇、比亚迪等全国乃至全球一流的高技术企业。

1. 创业投资应科技产业化需求而产生

深圳市创业投资同业公会常务副会长兼秘书长王守仁在过去20多年里亲历了深圳创投行业从无到有、从弱到强的过程，他回顾了深圳创业投资应科技产业化需求而产生的时代背景——无论是软件还是硬件，任何供应链都不是凭空产生的，而是因以现代信息技术为主导的第三次工业革命的强力需求应运而生的。1992年，邓小平南方谈话指出"应发展社会主义市场经济"，那时，深圳的产业开始由"三来一补"向以电子信息产业为主的科技产业转型升级。当时，由美国主导的信息产业革命正席卷全球，它在控制核心部件和计算机软件的同时，将部分硬件制造向亚洲扩散。深圳毗邻香港，在这一拨产业转移中获得先机。为了顺应这一潮流，中央有关部委和各省的国有电子企业纷纷来深圳设立分公司、成立子公司，并进行市场化运作。随着改革开放的进一步深化，比较自由、自主的市场环境形成了深圳的移民文化，通过不断碰撞和融合，新思维、新创意及敢于竞争已成科技创新和创业投资的基因，一大批有科技企业背景的技术人员和管理人员纷纷在深圳创业，如大族激光的高云峰、华为创始人任正非、华大基因的汪建、比亚迪的王传福、腾讯的马化腾等。深圳成功创设"虚拟大学园"，引进清华、北大、哈工大等国内一流高校的先进科技成果和人才，设立创业投资机构，如深港产学研创投公司、清华研究院的清华力合创投等。此外，深圳陆续出台了一系列扶持风险大、失败率高而一旦成功后将成为科技行业领头羊的政策，并相应带来不可估量的经济价值。

在此，特别要指出，1985年中共中央、国务院颁布的《关于科学技术体制改革的决定》，首次提出"对于变化迅速、风险高的技术开发工作，可以设立创业投资给予支持"。我国创投业由此进入了探索起步阶段。1986 年 1 月，中国第一家创业投资公司——中国新技术创业投资公司成立。遵循这一决定，科技部组织专家赴美国硅谷考察，并撰写了有关建立创业投资机制的报告。随后，科技部在调研的基础上，将深圳确定为我国科技成果转化示范基地，在实践中进行探索试验。为培育一批创业投资管理干部，深圳先后派多批干部赴美国进行创业投资考察，回国后，他们中的许多人成了新设的创投机构的创建者或高层管理人员。

2. 深圳创投业由小到大的发展之路

1998 年年初，时任全国人大常委会副委员长成思危在"两会"上提出"大力发展风险投资，专注投资高风险、失败率高的中小科技企业"的提案，在"两会"上和全国引起巨大的震撼。随后，各省市科技系统纷纷出资设立国有风险投资公司。

深圳创投业从小到大，从弱到强，走过了一段不平凡的曲折道路。

第一阶段是从 1998 年到 2000 年，这是深圳创投业的起步阶段。1998 年，深圳市政府责成深圳市科技局制定发展创业投资方案。王守仁回忆道："当时，市政府原则上不同意叫风险投资，因为深圳创投业在起步时虽然应由政府财政和国有企业主导，但也要设法吸引大量民间资金参与，如果叫风险投资岂不把民营企业吓跑了？于是 1999 年年初开始筹建创新科技投资公司（创新投资集团前身），并于当年 8 月 26 日正式成立，资本金为 7 亿元，其中财政出资 5 亿元，几家国有企业出资 2 亿元。同时，深圳还颁布了创业投资可以享受与中小科技企业同等的税收优惠政策。同年上半年，北京信托公司出资 5 亿元设立北京市风险投资公司（后来因经营差而销声匿迹），上海国资出资 6 亿元设立上海创业投资公司。在 2000年第二届高交会上，深圳颁布了《深圳市创业资本投资高新技术产业暂行规定》（以下简称《暂行规定》），这是全国第一部区域性创业投资规章。《暂行规定》不仅降低了创业投资公司的设立门槛，其资金可以全额投资，允许成立管理公司，受托管理创投公司的投资及管理业务，还规定设立深圳市创业投资同业公会（以下简称深创投公会），明确规定深创投公会的服务与自律等职责。"

2000 年，深创投公会成立。同年，深创投公会在高交会上举办了第

图 4-1 王守仁在第十四届中国风险投资论坛上演讲

一届创业投资高峰论坛，向海内外宣布深圳创投业正式起航。

第二阶段是从 2000 年到 2010 年，这是深圳创投业的发展阶段。首先，经过了短暂的衰退期，即 2001—2004 年间，美国纳斯达克泡沫破灭后，创业板随后搁浅，为迎接创业板而停发新股的深交所和创投行业双双受到严重影响，到了 2002 年下半年，创投业举步维艰，创投机构出于生存考虑纷纷改行，深圳创投机构有 40% 改换门庭，不再投资中小科技企业，而将大部分资金拿去投资股票。

其次，从 2004 年中小板设立和 2005 年股权分置改革开始，直到 2009 年创业板正式上市，深圳乃至全国创投业再次崛起，迈入了一条从小到大的快速成长之路。2004 年中小板开盘后，深圳达晨创投投资的一家电子企业成功登陆中小板，由此给创投业带来希望，随后，一大批被投资的具有高成长性的创新科技企业陆续上市。这大大激励了越来越多的社会资金进入创投业，特别是 2009 年下半年创业板正式开板，科创企业上市门槛降低，审核效率大大提高。此时，深圳创投机构达到 1000 多家，管理资金规模达几千亿元，其规模在全国遥遥领先，投资效率也节节攀升。

第三阶段是从创业板开设至今。在新世纪第二个十年当中，深圳创投业已成为颇为发达的新型投融行业，从资金管理规模、管理机构数量到从业人员等方面，已与北京、上海形成三足鼎立之势。深圳的创投业有较高的投资成功率，在每年召开的国际性创投论坛上公布的前五十名中，深圳的创投机构约占 20%，如深圳创新投、达晨创投、同创伟业、东方富海、基石创投、松禾资本、创东方等。

深圳创投业之所以在近十年中发展如此之快，很重要的原因是深圳设立了政府创业投资引导基金。深圳先是在市财政局设立了 30 亿元的政府创投引导基金，后于 2015 年正式设立了 1000 亿元引导基金，2017年又专设天使投资引导基金，专门引导放大民间资金主导投资早期小型科技企业。

3. 深圳创投业的若干特点

深圳创投业与全国其他区域，特别是与北京、上海两地创投业相比，有哪些特点?

通过比较分析，相对而言，深圳创投业有如下特点：2003 年，深圳颁布了《深圳经济特区创业投资条例》(以下简称《条例》)，《条例》明确指出，深圳创投机构应遵循"政府引导，市场化运作，面向全国，辐射海外"的原则去发展。因此，深圳所有较大的创投机构均在北京、上海 、天津等 20 多个省市及大中城市与当地民营企业共同设立子基金，深圳管理机构总部派设分支管理机构。由于陆续建立了覆盖全国的项目信息、人才网络、资金网，所以有利于就近投资好项目。

与北京、上海相比，深圳创投业还有一大特点，即深圳创投机构 90%以上是本土人民币基金，而北京、上海两地的创投机构是外资美元创投机构与本土人民币创投机构各占一半。此外，深圳创投机构很少投资互联网企业，而是主要投资具有先进技术的制造业等，北京、上海的外资创投机构则主要投资消费互联网企业。

深圳于 2015 年率先成立了管理资金达 285 亿元的商业性投资母基金，探索实行参股投资子基金和项目直接投资策略，截至 2020 年 6 月末，已投子基金 45 只，投资额达 62 亿元，使子基金通过吸引社会民间资金，总规模达到 600 亿元，放大了 10 倍。总投资项目 1214 个，累计投资金额达 478 亿元。

20 年来，深圳创投业在深创投公会的组织引导下，与全国许多省市，以及美国、以色列、韩国等海外同行开展广泛的交流与合作，包括组团到国内外开展项目投融资对接，选择优质项目就地投资；或者请国内外同行组织科技创新企业到深圳开展投融资合作。在历届高交会期间，深创投公会组织会员举办为期一天的国际性创业投资高峰论坛，重点研讨我国创投的热点，包括经验及困难、国家相关政策改进以及对今后的展望等。该论坛已连续举办 20 届，影响很大，已成为深圳创投业的一张亮丽的名片。

4. 推动科技型企业上市融资

深圳建立科技型企业上市后备资源库，扶持符合条件的企业在主板、中小板或创业板上市，鼓励已经上市的科技型企业通过增发股份、兼并重组做大做强。

2020 年 6 月 10 日，深圳企业中天精装正式在中小板上市，至此，深圳本地 A 股上市公司数量累计达 308 家，排名全国第二。值得关注的是，深圳上市公司不仅数量多，而且个头大、发展快。数据显示，深圳上市公司总市值约为 8.2 万亿元，低于北京的 16 万亿元，高于上海的 5.8 万亿元、杭州的 2.1 万亿元和广州的 1.7 万亿元；在最近 5 年营收和利润的累计增长率方面，深圳是这五个城市中唯一一个两项指标均突破 100% 的城市。[1]

---

[1] 吴少龙、李明珠、胡华雄：《308 家！ A 股"深圳军团"重回榜眼，如何炼成的？》，证券时报网，链接地址：https://mbd.baidu.com/newspage/data/landingshare?pageType=1&isBdboxFrom=1&context=%7B%22nid%22%3A%22news_9968063492785811039%22%7D.

前海开源基金首席经济学家杨德龙表示，深圳 A 股上市公司量多质好，得益于深圳有支持创新的环境。政府鼓励和支持创新，对科技型企业有孵化政策，在人才引进、户口管理、人才落户等方面都走在全国前列。

2018 年 11 月，国家宣布设立科创板和试点注册制，为项目投资的退出提供了便捷通道。2020 年创业板改革，一是扩大注册制试点，二是增强对创新创业企业的包容性，非常契合深圳经济产业特点和创新特质需要，这些利好政策进一步激励了深圳创投机构的投资热情。

在当前"双区驱动"的时代背景下，深圳肩负建设成为全球标杆城市的使命，要将生产总值总量、地均产出、人均生产总值等指标提升至国际性城市水平，就必须利用更多资源，借力资本市场正是其中一条重要渠道，因为上市的深企越多，深圳引入的"外援"也就越多，发展力量势必更强大。

深圳创业投资机构投资大批中小科技企业做大做强乃至成功上市，加快推动了深圳科技产业化的步伐，在国内外产生了巨大的影响力。未来，深圳创投机构应进一步强化专业化、精准化投资的水平，继续在服务高科技产业化需求上做出更大贡献。

第五章

深圳科技金融
创新的经验

SHENZHEN
XIANXING SHIFAN
CONGSHU

1999 年，首届高交会在深圳举行。马化腾当时拿着 20 多页的商业计划书跑遍会馆，推销 QQ 和腾讯，最终引起了 IDG 和盈科数码的重视，拿到了第一笔创业投资。在那个年代，深圳高新技术企业发展十分迅猛，涌现出了比亚迪、金蝶、华为、中兴通讯等知名科技企业，但深圳的创业投资行业才刚刚起步，无法与快速发展的高新技术产业旺盛的需求相匹配。

从 1999 年深创投成立到今天，深圳成为全国创业投资重镇；截至 2020 年 6 月，深圳本地 A 股上市公司数量累计达 308 家，排名全国第二。不论是创投行业，还是多层次资本市场建设，深圳在科技金融领域取得了令人瞩目的成就。回顾总结深圳科技金融创新发展的历程和经验，对于我国金融体系改革发展和其他地方的科技金融创新具有重要的借鉴意义。

1. 以政府引导为基础

为了推动科技金融的创新发展，深圳非常注重顶层设计和战略规划对金融部门发展和金融功能发挥的引导作用。特别需要指出的是，深圳市政府对于当地金融发展并没有明显的直接干预，主要是统筹好发展战略、制定好制度框架、设计好实施方案、提供好保障措施、发挥好引导功能，致力于提供最优质的公共服务和构建最优良的发展环境。

为打造科技金融发展的良好生态环境，加强政策引导，深圳于 2012 年出台了《关于促进科技和金融结合的若干措施》，构建激励科技和金融深度融合的政策体系。

2014 年，深圳出台了"一号文件"《关于充分发挥市场决定性作用 全面深化金融改革创新的若干意见》（以下简称《意见》），提出要继续拓宽产融结合新路径，加快科技金融服务体系建设。《意见》提出发展产业金融，充分结合深圳战略性新兴产业、现代服务业和先进制造业等产业发展基础和未来产业（生命健康、航空航天、海洋经济等）的布局规划，围绕重点产业及关键领域强化金融服务功能，逐步健全适应实体领域投融资发展需求的金融支持体系，全面推进多层次资本市场体系建设，实现金融业从单纯资金要素保障向综合金融服务功能转变，加快构建产融良性互动、共生发展的新格局。

2. 以市场规律为准绳

新世纪以来，深圳科技金融体系的创新发展更多得益于遵守市场规则和发挥市场规律的作用。发挥金融机构和产业机构的微观经济主体作用，尊重其在资源配置中的主动性和能动性；构建良好的市场环境，为市场主体提供平等的金融参与权和市场化的金融收益权；逐步完善相关法律法规，用法律规范来维系市场公平与稳健运行。

以银行业为例，深圳鼓励银行创新信贷模式，加强银行机构对科技型企业的融资支持。银行传统运作模式不能很好地满足科技型企业的融资需求，为了更好地服务高新技术产业的发展，深圳大胆尝试，支持银行机构在现有法律框架下进行金融产品创新和服务模式创新，为科技企业提供更为周到的金融服务。

一方面，深圳鼓励银行机构不断创新金融产品和服务模式。科技创新企业的发展一般要经过初创期、成长期和成熟期三个阶段，不同阶段的融资需求不同，其风险特征和盈利能力也不同。针对科技型企业不同发展阶段的不同融资需求，创新特色化信贷产品是促进科技金融发展的关键。在初创期，商业银行通常将科技企业视为小微企业，以提供小微信贷营销和产品服务为主，如结算服务、工资贷、人才贷、互保金贷款、创始人个人融资服务等。在成长期，商业银行针对性地研发出一系列包括贸易融资、订单贷款、应收账款质押贷款、税金贷、成长贷、研发贷、知识产权质押贷款等产品，此外还不断拓宽合作渠道，打造其与政府、科技园、担保公司、投资机构等多方合作的新模式，整合各方信息及专业优势。

近几年，深圳各大银行除了推出针对中小型科技企业的金融方案外，还建设科技支行、科创中心等分支机构专门服务科技型企业群体。比如，浦发银行对科技金融进行了战略安排，其总行科技金融服务中心于 2015 年落地深圳，以专业化经营机构形式服务于深圳地区的高科技、高成长型企业。2017 年 3 月，浦发银行率先发布"浦发银行科技金融服务 1.0 方案"；5 月，作为轮值主席单位参与"中国科技金融联盟"单位发起；通过"科技贷款 + 认股期权"的创新投贷联动模式服务科技企业，设计了深圳首款银保产品"科技保险贷"。又如，工商银行于 2018 年 5 月在深圳设立了科创中心，实现了工银科创金融的持续赋能，重点服务了一批优质的头部科创企业，择优培育了一批高成长的中型科创企业，为广大科创企业匹配专属产品和服务，截至 2020 年 6 月，科创中心新增融资发放量超 200 亿元。

另一方面，深圳成立科技银行联盟，整合银行、金融机构等多方资源，为企业提供融资的全方位服务。2014 年，深圳市科技创新委员会和建设银行深圳市分行联合发起成立了科技银行联盟，利用商业银行、投资银行、基金公司、保险公司、租赁公司等为国家高新技术企业提供公私一体化的综合金融服务。

据统计，截至 2019 年年末，在深圳设立科技金融事业部、以专营机构形式统筹本行科技金融业务的银行由年初的 3 家增加到了 6 家。辖内共 12 家银行设立科技特色支行 42 个，配备相关从业人员 1268 人。

值得一提的是，深圳"信易贷"平台是深圳市发展和改革委员会主导开发，为深圳市中小企业提供融资贷款、信用管理等服务的公益平台。2019 年 11 月，深圳"信易贷"上线，这是广东省首个面向中小微企业融资需求、基于信用信息运用而实现的纯信用、无抵押、智能化的线上融资服务平台。该平台已对接深圳信用网，并汇集了政府机构、征信机构的各类信息，助力各大金融机构对企业进行全方位画像，从而高效快速识别企业信用及业务经营情况，为融资贷款提供全面的数据支撑。

由此可见，科创企业群体的发展需要银行机构不断创新服务，而差异化的金融服务给深圳科技企业带来了宝贵的信贷资金，推动了深圳科技产业的迅猛发展，二者形成了良性的循环和互动。

3. 以重点领域为突破口

深圳金融改革创新发展的速度远快于其他地区，关键在于其在不同时期以符合发展趋势的重点领域作为"抓手"，实现重点突破。比如，深圳依托深圳证券交易所和多层次资本市场，建设以股票、债券为重点的直接融资体系。国际金融危机后，深圳抓住国际金融体系中心东移的历史契机，重点发展资本市场、产业金融、资产管理、产业基金、保险等金融业态，使金融业作为一个相对独立的部门获得快速发展，深圳金融中心城市建设亦取得了重要进展。

以 1990 年深圳证券交易所的成立为标志，深圳资本市场至今已走过了 30 年的历程。30 年间，深圳多层次资本市场实现了从无到有、从小到大的跨越式发展，初步形成了具备主板、中小板、创业板的多层次资本市场体系，实现了从审批制、核准制到注册制的改革，积极践行"让市场在资源配置中起决定性作用"的理念。

1988 年 11 月，深圳成立资本市场领导小组并下发同意成立深圳证券交易所的批复。1990 年 12 月 1 日，深圳证券交易所试营业。"股票热"引致的投机风使中央政府强化股份制改革和资本市场的监管，最后仅仅保留上海和深圳两个试点。1991 年 4 月 16 日，深圳证券交易所先于上海证券交易所获得中国人民银行的批准成立。随着社会主义市场经济体制改革的深入，深圳证券市场体系和金融业进入一个结构调整、业务升级和制度规范的快速发展阶段。

经过多年的发展，2004 年深圳证券交易所设立中小企业板，2006 年年底率先基本完成股权分置改革，2009 年 10 月正式启动创业板。新世纪以来，经过 20 年的建设，深圳证券交易所上市公司超过 2100 家，多层次证券市场体系初步建成，金融业向专业化、多样化和规范化方向发展。[①]

为了解决中小企业融资难的问题，深圳于 1994 年成立了高新投，并快速发展成为具备资本市场主体信用 AAA 最高评级的全国性创新型金融服务集团，为我国担保行业的发展贡献了经典样本。迄今为止，深圳高新投已累计为超过 34000 家中小微企业提供超过 6560 亿元的担保服务，扶持近 300 家企业在境内外资本市场挂牌上市。深圳高新投之所以成功，得益于其战略决策与深圳产业升级进程的紧密互动，用"政策性定位市场化运作"的经营理念，有力诠释了"党和政府政策落地抓手与杠杆放大工具"的重要角色。

20 世纪 90 年代，深圳高新技术产业发展迅猛，但创业投资还没有发展起来。为了给高新技术产业注入宝贵的资金，1999 年，由深圳市政府出资并引导社会资本出资设立了深圳市创新投资集团有限公司（以下简称深创投），以支持高新技术企业发展。多年来，深创投以发现并成就伟大企业为使命，致力于做创新价值的发掘者和培育者，已发展成为以创业投资为核心的综合性投资集团。截至 2020 年 6 月底，深创投管理基金包括 136 只私募股权基金，14 只股权投资母基金，17 只专项基金；深创投投资企业数量、投资企业上市数量均居国内创投行业第一位；已投资项目 1119 个，累计投资金额约 517 亿元，其中 164 家投资企业分别在全球 16 个资本市场上市，304 个项目已退出（含 IPO）。专业的投资和深度的服务，助推了潍柴动力、酷狗音乐、西部超导、欧菲光、信维通信、迈瑞医疗、中新赛克、宁德时代、澜起科技、康方生物等众多明星企业成长，也成就了深创投优异的业绩。围绕创投主业，深创投不断拓展创投产业链，专业化、多元化、国际化业务迅猛推进。

---

① 郑联盛：《深圳金融改革创新的演进路径与经验》，《经济纵横》，2019 年第 4 期。

经过多年不懈努力，深圳逐步完善多层次资本市场，不断促进创业投资行业的快速发展，其优良的营商环境源源不断地培育了一大批优秀的民族品牌企业，逐渐发展成为全国和国际领军企业聚集的市场。

凡是过往，皆为序章。站在 2020 年这个时间节点上，全球的科技格局正在悄然发生变化。当 2020 年席卷全球的新型冠状病毒肺炎疫情威胁到整个人类的生命安全时，每一个人都清醒地意识到人类同疾病较量最有力的武器就是科学技术，科技是第一生产力，也是防控疫情的第一战斗力。而与疫情同时存在的还有中美之间的经贸摩擦，让每一个中国人都感受到发展科技的必要性和紧迫性。

有识之士指出，发展科技的背后，少不了资金这个引擎。科技与金融的紧密结合，将为科技产业发展提速，以资本引擎赋能企业发展"加速度"，这是当前急需推进的工作。令人振奋的是，深圳在科技与金融结合方面做了大量的探索，在本书的"案例赏析"环节，我们可以了解到深圳天使母基金、深创投、达晨、基石资本、创东方、深圳高新投、深圳担保集团、工商银行科创中心、平安产险等这些从事科技金融实践的金融机构，它们取得的经验对我国其他城市的科技金融探索具有重要的示范价值。

面对未来，我们充满信心。在此，引用一位天使投资人的期待来结束本章："历次的全球性金融危机，科技进步和技术创新是走出危机的根本所在，我们应该更有想象力地去投资，投资那些能够改变未来的创新。"

【案例赏析 1】

深圳天使母基金：探索天使投资"新模式"

　　深圳市天使投资引导基金有限公司（以下简称深圳天使母基金）是深圳市人民政府投资发起设立的战略性、政策性基金；是深圳市对标国际一流，补齐创业投资短板，助力种子期、初创期企业发展的政策举措。深圳天使母基金由深圳市引导基金出资成立，如今规模为 100 亿元，是国内规模最大的天使投资类政府引导基金。深圳天使母基金专注投资培育战略性新兴产业和未来产业，致力于引领天使投资行业，培育优秀初创企业，完善"基础研究＋技术攻关＋成果产业化＋科技金融＋人才支撑"的全过程创新生态链，成为全球领先的天使母基金。深圳天使母基金委托由深投控和深创投联合设立的深圳市天使投资引导基金管理有限公司（以下简称深圳天使母基金管理公司）按市场化方式运营管理。

　　深圳天使母基金管理公司作为深圳天使母基金的管理机构，按照"高起点、国际化、专业化"的原则，遴选全国乃至全球知名的天使投资机构、创投机构，孵化和培育创新企业和新兴产业，推动供给侧结构性改革和产业升级，完善创新创业生态，为深圳打造国际风投创投中心和国际科技、产业创新中心提供有力支撑。

深圳天使母基金补足深圳天使投资短板

　　创新是经济高质量发展的不竭动力，天使投资作为创新创业企业的"阳光雨露"，是支持科技创新的先导力量和高新技术产业发展的有效手段。但由于投资风险大、回收周期长，市场失灵问题突出，天使投资一直是创业投资最薄弱的环节。为补齐深圳创业投资短板，助力种子期、初创期企业高质量成长，2018 年 3 月，深圳开创性地成立了国内规模最大的市场化运营天使母基金——深圳市天使投资引导基金。

　　深圳天使母基金自成立以来，全力服务深圳"基础研究 + 技术攻关 + 成果产业化 + 科技金融 + 人才支撑"的全过程创新生态链。深圳天使母基金管理公司董事长姚小雄表示，截至 2020 年 6 月底，深圳天使母基金已主动接洽创投机构约 470 家，决策子基金 40 多只，完成实际出资 20 多亿元，子基金规模累计近 120 亿元。

深圳成"双创"热土，期盼更多"天使"助力

　　2017 年，A8 新媒体集团董事局主席、青松基金创始合伙人刘晓松作为深圳市人大代表曾专门撰写议案，内容是关于在深圳建设粤港澳大湾区天使投资生态体系的建议。他如此写道："促进天使创投基金的集聚，改善'创多投少'制约产业发展的现状。我国当前投创比例是 1.2：8700，相比以色列投创比例 1：142，相差 50 多倍。而深圳创新创业能力在全国首屈一指，汇集了众多优质创新创业项目，更应该辅之以丰

富的创投基金资源，促进中小企业发展。"

　　刘晓松的议案反映了深圳创新创业事业的一个突出短板，那就是天使投资不够发达，与北京和上海相比，有较大差距。

　　为何深圳作为改革开放的前沿阵地和高新技术产业重镇，天使投资会发展滞后呢？姚小雄介绍，20 世纪 90 年代，深圳创业投资逐渐兴起，经过 20 多年发展，在深圳成长起来一批著名的 VC（即风险投资）和 PE（即私募股权投资）机构，对成长期和成熟期的企业给予投资，也助力一批优秀企业登陆境内外资本市场，形成了创新实力雄厚的"深圳军团"，但在种子期和天使期的项目却缺乏投资机构的关注和投资，原因是投资早期项目风险特别高，而社会资本逐利的天性决定了投资机构不愿意做天使投资，这就形成了深圳长期以来天使投资力量偏弱的困局。

　　众所周知，创新创业项目的成长，需要经过种子期、天使期、成长

图 5-1　深圳天使母基金管理公司董事长姚小雄

期、成熟期等各个发展阶段，在每个阶段企业都会遇到不同的发展问题和融资需求，因此打通基金投资链条，为企业提供"全生命周期"的发展助力十分必要。深圳市委、市政府了解到广大科技企业的呼声，决定成立政府天使引导基金，撬动更多社会资本进入天使投资领域，补足深圳天使投资短板，深圳天使母基金应运而生。

深圳天使母基金助力经济高质量发展

深圳天使母基金以其优惠政策和强大的股东背景、先进的天使投资标准、新型的直投业务、完善的运营体系等，成功探索出一套政府天使引导基金市场化运作管理的新模式。

深圳天使母基金管理公司由综合实力雄厚的深圳市级金融科技集团深投控与在中国创业投资机构中常年排名第一的深创投联合设立，实现优势互补。一方面，采取领先的优惠政策。充分发挥母基金规模大、出资比例高、超额收益全部让渡等政策优势，完善深圳全链条创新体系，诚挚邀请和专业遴选全球优质的投资机构、产业集团、技术源头单位以及科技成果转化单位等共建天使子基金，共享"双区驱动"的投资机遇与发展红利。

另一方面，探索制定比较完善的天使投资标准。多方征求政府相关部门、专家学者、子基金管理机构及其他合作机构的意见，从天使项目认定、申请机构类型、子基金设立方式、投资与返投、退出与让利等方面着手，形成了一整套具备行业共识、引领行业发展的天使投资标准。

刘晓松表示："深圳产业界和投资界对天使母基金的成立期待已久，深圳天使母基金由深圳市引导基金出资设立，如今规模为 100 亿元，从全国甚至全球范围来看，资金规模都属于大手笔，而且母基金给子基金出资额最高达 40% 的比例，这在全国也是绝无仅有的，显示了深圳市委、市政府加强引导社会资本进入天使投资的决心。"刘晓松曾以个人身份投资了腾讯科技的天使轮，之后创办的青松基金，是国内最早专注天使阶段投资的基金组织，自 2012 年设立以来，已累计投资了包括知名教育品牌"掌门 1 对 1"在内的 170 多个项目。青松基金成为深圳天使母基金第一批合作的子基金，截至 2020 年 6 月，已经投资包括打破苹果在 3D 感知芯片生态垄断局面的博升光电和泛医学文本信息智能处理产品供应商麦歌算法在内的 7 个初创期项目。

深圳仙瞳资本执行合伙人刘靖龙表示，深圳天使母基金成立具有特别重大的意义，政府从政策和资金层面支持天使投资的发展，这是对创新事业最有力的支持。深圳天使母基金采取很多有效措施对 GP（即创业投资机构）进行严格筛选，选出了最好的投资机构进行合作。仙瞳资本专注生命科技产业风险投资，管理基金资产达 50 多亿元，资产增长率达 100%。刘靖龙说："深圳天使母基金挑选全国最优秀的基金管理公司合作成立子基金，各子基金再用专业的眼光去选择和投资具体的项目，发挥层层撬动的作用，引导社会资本投向天使类项目，这就是精准投资，资金使用效率将是最高的，势必极大地推动深圳经济高质量发展。"

成功搭建深圳天使母基金投资新体系

在全球贸易争端频发，全行业募资难、投资难的背景下，深圳天使母基金科学制定投资策略，在助力本地天使投资机构发展壮大的同时，辐射内地，面向全球，积极吸引外地天使投资机构落地深圳，引导头部 VC、PE 机构向早期延伸，拓展外资背景创投机构。

在拓展国内头部机构的同时，深圳天使母基金积极加快国际化进程，组织完成了对多个先进地区国际知名创投机构的拜访交流，累计向 19 个国家或地区的顶级投资机构、知名高校等技术源头单位、科技企业孵化器等技术成果转化机构以及 CVC（即产业集团投资机构）企业正式发出"天使母基金全球邀请函"，着力宣传深圳优良创投环境及深圳天使母基金优惠政策，传递深圳扶持天使投资的强烈信号。

那么，如何引导好这些投资机构提高投资效率呢？深圳天使母基金以母基金总规模为限，开创性地建立"赛马"投资机制，优先支持投资进度快、项目质量好的优秀投资机构，加强子基金的绩效评价，按投资天使项目进度和质量合理安排后续出资。并且，实行出资额度动态调整，深圳天使母基金承诺出资与子基金投资进度关联，有效设立动态调整机制，子基金年度投资计划未完成的部分，按年度调整减少母基金认缴出资额，动态清理的额度将用于支持新设子基金或投资进度优胜的子基金。

姚小雄介绍，在新冠肺炎疫情影响下，深圳天使母基金采取了"逆周期调节"的措施，推出了最新的申报指南及遴选办法，对子基金的设立、投资等多个方面进行了全方位的升级，释放了七大利好政策：一是放宽头部机构注册落地政策；二是放宽子基金规模上限；三是优化返投比例；四是增加申请机构类型与优化投资能力认定，将高校、科研院所、孵化器等项目源头单位也纳入子基金申请机构范围，促进技术要素与资本要素更好对接联通，提升科技成果转化效率；五是适当放宽天使项目的认定标准，调整企业成立年限、人数、资产和营收等方面的要求；六是允许追加投资，进一步提升子基金对优质项目的培育效果；七是引入回购机制，提升财政资金循环利用效果。

姚小雄期望在上述利好政策发布后，深圳天使母基金能够有效加快子基金从落地设立到投资天使项目的进度，有力促进深圳天使投资生态圈的建设和天使投资行业的良性发展。

加快建设深圳天使母基金投后服务新模式

深圳天使母基金自运营以来，管理公司制定了齐全的投资管理及风险控制制度体系，健全了投前、投中、投后工作机制，配置了高效的前中后后台管理团队，建立了高效的业务、种子库、OA（即办公自动化）等信息系统，具备了较强的早期投资研究能力。

行业服务体系好，企业才能吃下"定心丸"。深圳天使母基金在强化投后服务体系方面不断探索，致力于优化投后服务模式。为子基金投资提供赋能服务。通过多次举办创业论坛、创业大赛、项目路演，搭建社会资本与早期项目融合平台，积极为子基金投资提供赋能服务。深圳天使母基金用心解决企业困难及诉求，积极走访子基金所投天使项目，重点听取企业受疫情影响后面临的困难及诉求，及时传达和对接市、区政府发布的优惠措施和扶持政策，在后续融资、人才招聘、办公场地、合作渠道等方面协调各方资源给予支持帮扶。

深圳天使母基金加强市、区联动，提供支持服务，积极协调深圳市各区为符合其产业布局需求的异地天使项目回迁深圳提供优惠

图 5-2　深圳天使母基金管理公司办公场地

场地和全方位的赋能服务，多个天使项目获得了各区政府的政策支持，形成市、区联动的良好局面。

2020年4月底，深投控南科大天使子基金实现了首个天使项目"网联光仪"成功退出，年化收益率约53.8%，取得初步成效。退出渠道不完善是当下限制我国天使投资行业发展的重要原因。除传统的出资份额转让、收购、上市等方式外，深圳天使母基金积极探索回购、S基金、上市公司产业基金收购等渠道，助力子基金天使项目退出。

谈及退出与科创板的关系，姚小雄认为，科创板是资本市场的重大制度创新，对天使投资人有着非常大的意义。他的语气充满期待："科创板对政府引导基金和社会投资都是一个正向的激励，丰富了投资项目的退出渠道，某种程度上可以缓解募资难的问题。我觉得科创板某种程度上是为天使开的，我非常有信心能够把我们的天使事业做好。"

凭借在投资业绩、管理能力等方面的优异表现，深圳天使母基金虽然成立才短短两年多时间，但已陆续荣获清科集团、投中集团等权威机构颁发的30多个行业重量级奖项。

专注投资战略性新兴产业的好苗子

无限数项目是深圳天使母基金首次推荐给子基金并成功投资的项目。深圳无限数科技有限公司是高性能以太网芯片设计商，该公司联合创始人付奕称赞道："深圳天使母基金对项目把握能力强，运作效率很高！"深圳天使母基金作为有政府背景的基金，及时把握国家对高科技领域的前沿需求，熟悉我国关于加快半导体及集成电路产业发展的相关政策，一下子看中了该项目，评估该公司产品能填补国内高性能以太网芯片技术空白，实现国产替代和自主可控。深圳天使母基金第一次接触该项目后，立即向相关子基金广泛推荐，英诺天使率先响应，并带动红杉资本领投，商议促成了资本与项目的对接。

子基金澳银天使投资的世格赛思项目，是一家从事微创内外科能量器械、光电器械、手术器械智能化相关产品的研发、生产及销售业务的公司，申请了 50 多项专利。世格赛思创始人冯耿超博士表示，澳银天使基金长期关注细分市场，并能帮助企业找到行业资源的对接，这让企业如虎添翼。澳银天使基金投资的荆虹科技项目主营业务是 3DTOF 模组与生物识别算法及产品研发，沃德生命项目属于体外诊断领域的创业新星。

澳银资本董事长熊钢斩钉截铁地说："深圳高科技产业基础和配套环境优良，这是吸引优秀投资机构扎根深圳的决定性因素，加上深圳天使母基金给出了很好的让利条件，二者相得益彰，极大地调动起社会资本参与早期项目投资的积极性，为深圳高科技产业注入更多的资金。对于高科技产业发展来说，资金就是引擎，我们可以预见的是，深圳市政府正有组织地系统性培育推出一大批未来的明星企业。"

深圳天使母基金聚焦"子基金投资、直投、生态圈运营"三大核心业务，以子基金为抓手，通过子基金以及子基金所投项目集聚了一批创新创业人才。参股子基金所投天使项目均属深圳战略性新兴产业和未来产业，覆盖了新材料、医疗器械、智能制造、高端装备、新一代信息技术等。比如，准星生命科技（深圳）有限公司以独创的多药分子整合为技术平台，进行创新型抗癌药物的研发及生产，其海外技术团队拥有生物大分子药物研发经验；深圳云朵数据科技有限公司已拥有华南地区性能最优的高性能计算机曙光 4000L，浮点峰值运算能力高达每秒 1.5 万亿次，处于国内外领先水平；深圳活力激光技术有限公司专注研发高功率半导体激光器，其产品广泛应用于紫外、超快固体激光器的泵浦源及激光焊接、切割领域，

887 系列产品打破美国品牌 nLight 的独家垄断，已覆盖 80% 的国内市场，并且得到大族、英诺和 AOC 等客户的认可，开始批量出货；瑞微生物科技有限公司掌握世界领先、完全自主研发并具有完全自主知识产权的微生物新药研发全链条平台技术，包括 10 多个全球 PCT（即专利合作条约）知识产权布局，在具有高成药性的优势肠道菌的遴选、培养生产、遗传操作与免疫治疗技术的协同应用等领域占据了压倒性优势，公司管线产品早期临床前数据显示了巨大的市场竞争优势与诱人前景。

与国宏嘉信合作设立支持港澳青年在深创业的专项子基金，以实际行动助力粤港澳大湾区的建设；拟与 IP Group 合作，将牛津、剑桥等的国际一流科技成果在深圳实现产业化；并与以色列 YOZMA、爱尔兰 SOSV 等国际知名投资机构达成合作共识。

姚小雄透露，深圳天使母基金正在积极准备启动原创直投与跟进投资业务，通过建立政策性、公益性的原始创新基金，聚焦科技成果转化，配合市政府支持未来重点行业培育工作，解决种子期及更早期阶段"市场失灵"的问题。同时，建立市场化、商业性的跟投基金，完善激励约束机制，构建投资组合，逐步形成合理的商业模式，促进深圳天使母基金长期可持续发展。

笔者脑海中浮现出一幅迷人的画卷：深圳天使母基金周围聚集着全球一大批优秀的投资机构，无数天使投资正在补足深圳的原始创新和基础研究成果转化短板，全力培育更多高新技术企业和新兴产业，为率先建设中国特色社会主义先行示范区做出更大贡献。

通过政府引导吸引更多机构当"天使"

设立政府引导基金，通过让利的方式，引导社会资本投入风险很大的早期项目，培育为企业提供覆盖"全生命周期"的优良投资环境，这是深圳设立深圳天使母基金的初衷。

创新创业项目在种子期、天使期生命力最薄弱，寻求支持的需求也最大，因此围绕天使投资为核心，建立深圳天使母基金，吸引更多社会资本关注和投入天使期项目，将能够最高效地为创新创业和产业发展提供强大原动力。为了提升对社会资本的吸引力，深圳天使母基金和子基金共同承担风险，但在收益部分，深圳天使母基金只收回本金，将全部超额收益让渡给符合条件的子基金管理机构和出资人。

姚小雄表示，为了撬动社会资本，深圳天使母基金从成立之初就自带了"创新基因"，不仅在制度设计和政策引导方面颇具吸引力，而且在培育深圳天使投资新生态和服务好创新生态链方面积极探索开展了多项创新业务。

一是加快建设种子库运营平台。研究设立高成长性科技企业种子库，主动联系政府相关部门、产业集团、子基金机构及技术源头单位和技术成果转化机构等，为种子库平台企业提供融资路演、管理培训、投后增值等多元生态服务。

二是做实深港澳天使投资人联盟。发起设立深港澳天使投资人联盟后，广泛吸引早期投资机构、技术源头单位和技术成果转化机构加入，会员数已增至 150 家。该联盟将开展行业研究分析、优质项目分享、培训交流、沟通政府与市场等业务。

三是探索设立"天使荟"。与区级政府合作探索开展共建"天使荟"试点，"天使荟"兼具孵化器及加速器功能，为早期科技项目提供办公场地和专业运营服务及资金支持，匹配深圳天使母基金的直投及深港澳天使投资人联盟等大企业资源。

四是研究助力深圳天使投资软环境建设。充分发挥市场与政府之间的沟通桥梁作用，通过对子基金、初创企业以及发改、科创等相关政府部门的调研访谈和对国外天使投资发达地区的比较研究，深入分析深圳天使投资软环境的现状与问题，提出进一步完善深圳天使投资软环境的若干政策建议，全力支持深圳打造天使投资生态圈，努力构建有利于优秀企业不断产生和成长的外部环境和体制机制。

"政府天使引导基金的作用是解决市场失灵的问题，在天使投资不够发达的时候，需要政府设立天使母基金来弥补创业投资最薄弱的环节，如果以后天使投资发展得很兴旺了，政府天使引导基金就可以考虑撤出。"姚

图 5-3　深圳天使母基金管理公司工会拓展活动

小雄说道，"我们不停地考察发达国家的天使投资机构和著名高校的成果转化机制，一直在思考如何更好地营造扶持天使投资的政策环境，我们的政策也在不断地创新迭代。"

姚小雄透露，下一步将进一步加大投资力度，优先遴选境内外顶级GP、CVC 机构、高校科研院所等技术源头单位以及国家级孵化器等技术成果转化机构，聚集优秀投资机构和具有成长潜力的项目资源。

深圳天使投资引导基金的建设相较于北京、上海、杭州等城市起步较晚，而国内天使投资与主要发达国家相比仍存在较大差距。但姚小雄表示，由于独特的支持政策和良好的营商环境，深圳作为后起之秀不仅在迎头赶上北京、上海，还将努力实现对天使投资发达国家的赶超。

天使投资是实现创新驱动的重要引擎，是抢抓"双区驱动"战略机遇的重要抓手，是培育高新技术企业和新兴产业的重要途径。成立两年多以来，深圳天使母基金按照"政府引导、市场运作、杠杆放大、促进创新"原则，后来居上，勇于创新，致力于集聚好机构、投出好项目，全力服务深圳全链条创新体系，打造天使投资新标杆，为深圳创新驱动、高质量发展提供有力支撑。

【案例赏析 2 】

深创投：致力于做创新价值的发掘者和培育者

深圳市创新投资集团有限公司（以下简称深创投）1999 年由深圳市政府出资并引导社会资本出资成立，现注册资本为 54.2 亿元，管理各类资金总规模约 3900 亿元，已发展成为国内领先的以创业投资为核心的综合性投资集团。

深创投主要投资中小企业、自主创新高新技术企业和新兴产业企业，涵盖信息科技、互联网 / 新媒体 / 文化创意、生物技术 / 健康、新能源 / 节能环保、新材料 / 化工、高端装备制造、消费品 / 现代服务等行业领域，覆盖企业全生命周期。公司坚持"三分投资、七分服务"理念，通过资源整合、资本运作、监督规范、培训辅导等多种方式助推投资企业快速健康发展。

成立 21 年来，深创投以务实进取的精神写就了辉煌的成绩：截至 2020 年 6 月底，已投资项目 1119 个，累计投资金额约 517 亿元，其中 164 家投资企业分别在全球 16 个资本市场上市，投资企业数量、投资企业上市数量均居国内创投行业第一位，陪伴包括潍柴动力、酷狗音乐、西部超导、欧菲光、信维通信、迈瑞医疗、中新赛克、宁德时代、澜起科技、康方生物等众多行业明星企业成长壮大。

凭借在创投领域的杰出表现，深创投在中国创投委、清科集团、投中集团等权威机构发布的创投机构综合排名中连续多年名列前茅。2019 年，在清科集团"中国创业投资机构 50 强"年度评选中，深创投荣获内外资创投机构综合排名第二名（本土创投机构第一名）。

▼

特区改革创新精神驱动，内资创投航母扬帆远航

起于微末，发于华枝。1999 年，深创投在中国资本市场改革的背景下应运而生，肩负促进高新技术发展和经济转型升级、探索中国创业投资之路的重任，一路走来，历经坎坷，却始终不忘初心。"所幸不辱使命"，深创投董事长倪泽望笑称。

从当年最早的创投先行者，到行业巅峰时与数万家创投机构争鸣，再到屹立潮头，成为内资创投航母，直至如今致力于打造国内创投生态平台，促进创投行业良性发展，深创投的秘诀，用倪泽望的话总结，就是特区的改革创新精神。

市场化基因，成就内资创投先行者

20世纪90年代末，深圳开启"二次创业"，全力推动经济结构优化和产业转型升级。在改革过程中，市委、市政府清晰地感知

图 5-4　1999 年 7 月 28 日，深圳市创新科技投资有限公司筹备会

到了市场对于创投资金的迫切需求。1998 年，时任全国人大常委会副委员长成思危的"一号提案"积极倡导国家大力发展风险投资。从国家宏观层面传递的信号更坚定了深圳设立创业投资机构的信心。为支持科技成果转化、培育民族产业，深创投的前身"深圳市创新科技投资有限公司"于1999 年正式诞生。

深创投成立之初，深圳市政府便确立了"政府引导，市场化运作，按经济规律办事，向国际惯例靠拢"的基本原则，奠定了深创投市场化运作的基因。这一基因，不仅体现在深创投的"出身"上，还体现在对深创投的管理中。

与众多国有企业的政府全资背景不同，深创投是由深圳市财政出资 5 亿元，引入社会资本 2 亿元共同设立的，这一股权设计，奠定了深创投日后市场化运作的基础。其后，深创投通过多次增资，引入了星河集团、七匹狼集团、立业集团等多家民营机构股东，不仅撬动了社会资本，还通过优秀战略投资人的引入，增强了深创投的市场化运作水平，为深创投拓展了更多的产业资源，大大提升了企业活力。

在对深创投的管理上，深圳市政府明确要求由具有市场化运作经验的专业人士组建深创投的管理团队，后续更确立了"不塞项目，不塞人"的原则。"不塞项目"确保了深创投决策机制的独立性，使得按照市场规律进行投资决策成为可能。"不塞人"使得深创投真正聚集了一大批实干的创业专业人才，以专业的判断前瞻趋势，专注高新技术和新经济模式投资；以专业的经营管理防范风险，实现企业发展的长期可持续。

而更能彰显深圳改革开放精神的是政府鼓励深创投"立足深圳，面向全国"，即可以走出深圳，在全国范围内投资好项目。这点即使放在今天，也足以显示特区的大局观和先行先试精神。面向全国，不仅丰富了深创投的投资标的，让深创投能够按照市场规律在全国范围内搜寻同一赛道上最有潜力、前景最好的投资标的，而且让当时尚未足够认识"创投"这一概念的各地政府、投资人了解了深创投，为深创投后续募资提供了契机。

在回顾当年深创投的设立历程时，倪泽望仍十分感慨："创投在国内兴起后，不少地方都由政府牵头成立了创投公司，但真正发展壮大的并不多。深创投今日的成绩离不开深圳市委、市政府的高瞻远瞩和解放思想。"

凭借最初奠定的市场化成长基因，深创投也在后续经营中"逢山开路，遇水搭桥"，持续改革创新，形成如今的发展规模。

拥抱创新，做创新价值的发掘者和培育者

打开深创投的发展大事记，有几个高光的历史时点值得铭记：一是2004 年中小板设立、2005 年股权分置改革，内资创投机构终于有了更顺畅的项目退出渠道，得以蓬勃发展；二是2009 年创业板正式开板，2010年深创投凭借当年26 家所投企业上市的出色成绩创造了创投机构年度上市企业数的世界纪录；三是2017 年深创投所投企业中新赛克上市，实现国内创投机构控股子公司中小板 IPO（即首次公开募股）零的突破；四是2019年科创板开市，深创投已有10家所投

图 5-5　1999 年 8 月 26 日，深圳市创新科技投资有限公司开业仪式

企业登陆（截至 2020 年 6 月底），成为科创板当之无愧的领头羊机构。一项项成绩，既与国家资本市场改革的大势分不开，又蕴藏着深创投的多年积累和持续创新。

"深创投的发展，可谓是不忘初心、持续创新的结果。"倪泽望如是判断。初心，就是坚定不移地支持创新创业，也是深创投后来归纳总结的企业使命：发现并成就伟大企业。在实践落实这一初心的过程中，深创投以各种创新攻克难关、实现飞跃：在国内退出无门的阶段，深创投设计了"两头在外"的中外合作基金运行模式和"一头在内、一头在外"的项目投资退出模式，将投资项目在境外资本市场上市退出，打造了潍柴动力、中芯国际、网龙科技、贵州汉方等经典案例；在国内创投蓬勃发展时期，深创投开创了政府引导创投子基金模式，搭建了全国范围的投资网络，投出了国内一批优秀企业；当业务进入规模化阶段，为更好实现专业化投资，深创投建立了国内创投行业首家博士后工作站，成为业内的"黄埔军校"，实现了人才的可持续发展；发现创业企业在不同发展阶段的不同资本运作需求时，深创投延伸多元化投资，建立了天使基金、并购基金、不动产基金，并参与上市企业定增等业务，持续助力企业成长。

"创投的核心之一就是创新精神，没有创新精神，连理解新事物、新趋势都困难，更不要提发现并押注于尚未形成的趋势了。"倪泽望表示。这一理念在酷狗音乐的投资中得到充分显现。深创投于 2012 年投资酷狗音乐，在其他机构还觉得付费音乐市场无法成型的背景下，深创投已看到了国内文娱产业的巨大市场，以及版权保护日益增强的趋势，重金押注未来。后续酷狗音乐通过资本运作与酷我音乐、QQ 音乐、海洋音乐合并组成腾讯音乐集团，成为中国领先的数字音乐交互服务提供商，并于 2018 年 12 月在美国纽约证券交易所上市。

"助力优秀企业成长，深创投自然也会获得成长，这两者本质是相同的。"多年来，深创投就是凭借这一理念，耐住寂寞，长期陪伴、培育优秀创业企业发展。欧菲光成立于 2002 年，基于对其核心技术、管理团队和经营价值观的认可，深创投于 2006 年、2007 年先后两次对其投资，协助其布局智能手机产业链，打破了该领域由中国台湾、韩国厂商长期控制的局面。2010 年 8 月，欧菲光在深圳证券交易所中小板上市。此后，深创投又于 2013 年、2014 年先后参与欧菲光定向增发，助其加大研发投入，在手机摄像头模组、生物识别、智能汽车等领域不断扩大市场份额。2016 年年底，欧菲光收购索尼电子华南有限公司，由此进入苹果手机产业链。如今，欧菲光已成长为全球智能手机光电领域龙头企业，分支网络遍布国际，在光电产品和智能汽车双引擎驱动下，保持着快速发展的势头。像欧菲光一样持续助力的案例，深创投还有很多，根据深创投的统计，其所投项目中，有大约 1/5 被投资了两轮及以上。

而在投资标的行业选择上，深创投更体现了国企担当。例如，在打破新材料、新能源领域"卡脖子"问题方面，深创投不遗余力。深创投 2007

图 5-6　2016 年 1 月 29 日，深创投受托管理国家中小企业发展基金首只实体基金

年投资的西部超导，主要从事高端钛合金研发生产，现已成为国内头部的低温超导线材商业化生产企业。深创投陪跑西部超导 12 年，与其一起走出了一条将实验室成果产业化的成功之路，实现产品国际领先。2019 年 7 月，西部超导作为首批挂牌企业之一登陆上交所科创板。而面对现今动力电池系统的龙头企业宁德时代，深创投于 2014 年年底——企业成立不足 4 年的时候就与其建立联系，将服务前置，在企业改制、高管股权激励方案设计等方面提供专业建议。深创投的专业能力最终赢得了宁德时代的信任，2016 年 1 月深创投正式入股宁德时代。2018 年 6 月，宁德时代在深交所创业板挂牌上市，现已发展成全球领先的动力电池系统提供商。同样被深创投压重注的另一领域为生物医药。"生物医药不仅关系民生幸福，更是国家战略的重要组成部分。"倪泽望说。深创投成立了专业化的健康产业基金，致力于助力国产创新医药和医疗器械的发展。其所投企业微芯生物已正式上市销售的国家 1 类原创新药西达本胺，是全球首个亚型选择性组蛋白去乙酰化酶口服抑制剂，也是中国首个授权美国等发达国家使用专利并实现全球同步开发的原创新药，开了中国创新药对欧美进行专利授权的先河。此外，迈瑞医疗、康方生物、泽璟制药等一个个明星案例不仅昭示着深创投的成绩，还形成了深创投医疗健康投资领域深厚的产业链资源，进一步促进了这些企业的合作互补。

先行示范，开创政府引导基金新局面

作为国内最早一批创投机构，深创投不仅肩负着扶持国内高新技术产业发展的重任，还承担着探索实践中国特色创投路径的历史使命。

如果说股权分置改革促进了国内创投业务的蓬勃发展，那么，2005 年国家发改委等十部委联合下发的《创业投资企业管理暂行办法》则吹响了各地创立创业投资机构、加大当地产业引导的冲锋号。深创投敏锐地发现了各地政府对以创业投资引导产业发展的巨大需求，但各地经验不足，亟须专业力量探索创新模式，促进行业发展。

2007 年 1 月，在与多地政府探讨设立政府引导基金的可行性和运作模式的基础上，深创投与苏州市政府合作成立了第一只地方政府产业引导基金——苏州国发创新资本，开创了政府引导基金新局面。其后，深创投陆续与多地政府合作设立政府引导基金，由深创投负责基金管理，投资当地的优势产业，极大地促进了各地的经济发展。

同时，深创投探索形成了一套完整的政府引导创投（子）基金管理理念、管理流程和管理方法。主要运作模式有四种：一是"保本＋固定收益"模式，政府引导出资按同期人民币存款利率或国债利率收取固定回报，如发生亏损，不承担投资风险。二是特殊分成模式，在风险共担、收益共享的原则下，政府引导出资与深创投、社会化出资人共同设立基金公司。基金投资产生的盈利，政府将其收益的一定比例作为业绩奖励让渡给基金其他出资人和深创投。三是跟进投资模式，政府与深创投签约，承诺对深创投在该政府管辖的区域内所做的投资项目配套跟进项目投资额的

图 5-7　2007 年 1 月，深创投苏州基金成立，开创政府引导基金新局面

20%—30%，并自担投资风险。如果投资产生盈利，政府将其收益的一定比例作为业绩奖励让渡给深创投。四是阶段参股模式，政府引导出资与深创投设立基金公司，对于基金投资项目中政府出资部分，政府允许深创投在 5 年内开展收购。若收购行为发生在投资后的前三年，收购价格按初始投资价格计算；若发生在后两年，则按初始投资价格加同期存款利率或国债利率计算。

这些创新模式满足了不同地区产业引导的不同需求，受到了各地政府的广泛认可，在全国范围内实现了复制。截至 2020 年 6 月底，深创投参与的政府引导创投（子）基金数量已达 119 只，总规模达 490 亿元，形成了全国性的引导基金网络。而引导基金网络的成功搭建，又进一步促进了各地间的产业融合，依托深创投这一平台，各地各类优质企业实现资源共享、产业链接、异地拓展，加快了企业的成长壮大。

携手共赢，致力于营造国内创投良好生态平台

随着行业的不断发展，深创投改革创新的步伐又迈向新的征程。基于自身发展经验、国内网络布局及丰沛所投企业、合作伙伴资源，深创投正致力于打造创投生态平台。

深创投认为平台型企业有四个特点：一是开放，对外可以整合全球资源，对内可以向平台上所有合作伙伴开放这些资源，实现资源整体利用价值的最大化；二是连接，促进各个组织融入平台，平台则成为各个组织的沟通桥梁和连接通道，提高组织间的沟通效率和彼此互信；三是赋能，平台企业为平台大生态的各个组织提供服务，甚至是搭建促进平台内各组织发展的基础设施；四是共赢，平台上各个合作伙伴都能够实现共生、共赢。

而在创投行业日益成熟的今天，行业海量的业务、数据、参与者，需要平台进行整合、连接和赋能，以实现参与者的共赢。所有参与者共赢的结果，必然是社会整体效益的最大化。

深创投正在积极搭建这样一个促进创投生态良性发展的平台，深度连接创投领域各个战略参与方，将自身打造成为创投行业的信息中心、资源中心以及创业企业的聚集和服务中心。

近几年，深创投建设了一批全国性专业化创投基金，其中，军民融合基金、健康产业基金、互联网基金、新材料基金已经先后设立完成，未来还将布局信息科技、高端装备、消费升级等专业化基金。这些专业化基金将满足各专业优秀创业企业的发展需求，并将在产业链对接中形成集聚效应。而针对创业企业各个阶段的融资需求，深创投布局了天使基金、并购基金等，希望能够在创业企业发展的各个阶段给予企业必要的支持和帮助。

同时，深创投针对众多基金管理人、基金投资人所面临的"募资难、退出难"问题，设立了大型母基金和 S 基金，希望通过这两只基金，实现连接创投圈各类机构、促进机构间互利共赢的作用。

远航国际，矢志打造全球顶级投资集团

作为现阶段国内为数不多的具备"走出去"条件和能力的本土创投机构，深创投正在积极推动国际化战略落地。

在介绍国际化战略时，倪泽望表示："'双区示范'给了我们又一轮跨越发展的契机，我们希望抓住难得的历史机遇，走出去，增强中国创投机构在国际上的知名度和影响力，培育、陪伴国内优秀企业拓展国际市场，也把国际上顶尖的企业引进来，助力国家发展。同时，也希望通过置身国际竞争合作中，进一步增强深创投自身的本领。"

作为国内中外合资基金的先行者，早在 2002 年，深创投就联合新加坡大华银行等机构发起设立了内地第一只中外合资创投基金——中新基金。后来陆续管理了中以基金、日元基金、中韩基金、中美基金等一批国际化基金。深创投所投企业也已在包括美国纳斯达克、德国法兰克福等在内的 11 个境外资本市场上市。

发展早期与国际合作伙伴设立合资基金的模式，使深创投得以快速向国外投资机构学习先进的投资理念和管理经验，为深创投向国际惯例靠拢、健康快速发展提供了非常有力的支持。而 2016 年出台的"创投国十条"则明确提出"鼓励境内有实力的创投企业积极稳妥'走出去'，积极分享高端技术成果"，又给了深创投一轮走出去、做强做优做大的契机。

深创投于 2017 年 6 月召开国际化战略发布会，正式组建国际业务团队。国际业务团队组建后，深创投除了延续原有的共建基金、跟投参股的境外基金模式外，还陆续进行了多个国际项目直投，其中已投美国项目 GRAIL 累计融资超过 20 亿美元，是全世界癌症早筛领域首屈一指的超级独角兽企业；已投美国项目 Desktop Metal 是 3D 打印行业的领军独角兽企业，多次获评 CES（国际消费类电子产品展览会）最佳创新奖、爱迪生奖等；已投英国项目 Oxford Nanopore

图 5-8　2017 年 6 月 30 日，深创投国际化战略发布会

Technologies 为体外诊断领域的全球独角兽企业之一，曾多次荣登《麻省理工科技评论》"全球 50 家最聪明公司"榜单。

未来，深创投将继续以香港公司作为出海基地，加强与既往合作方的深化合作，实现海外募资、全球投资、国内外资源整合。

为把深创投打造成全球顶级投资集团，深创投不断深化改革，进一步完善激励约束制度，吸引顶尖人才。倪泽望坦言："这个行业主要靠人才，是一个竞争非常充分的行业。而且这个行业基本都是以外资、民营机构为主，国有创投机构能排前二十的都很少，只有两三家。因此，我们还在深化改革，也希望借助建设先行示范区的机遇吸引更多优秀人才加入。我们在国内聘任了一些市场化人才，薪酬、激励制度会有特殊安排，国外请的

图 5-9　2018 年 12 月 12 日，深创投所投企业腾讯音乐登陆纽交所

人才会在遵守相关规定的前提下，按国际市场惯例来安排。"

中国的经济发展也需要中国创投机构走出去，只有与世界接轨，才可以发现更多优秀项目，助推中国的产业升级转型、自主创新，这一点也是与国家大的发展战略一脉相承，与"一带一路"倡议密切吻合。站在历史的机遇面前，深创投勇于担当使命，加快国际化步伐，这艘中国民族品牌的创投航母正信心勃勃地扬帆启航。

亮点示范

成功探索一条具有中国特色的创业投资发展之路

自成立以来，深创投始终坚持价值投资理念，致力于培育民族产业，塑造民族品牌，发挥创业投资对自主创新和科技成果转化的助推作用，发现并成就伟大企业，探索出了一条具有中国特色的创业投资发展之路。

在被问及有什么经验可以总结供其他创投机构学习时，倪泽望归纳了如下几点：

一是专注。21 年来，深创投始终如一，践行价值投资，做创新价值的发现者和培育者，围绕初心做事、布局，不追风口、不盲从，这已成为深创投的企业文化，内化为每个投资人的投资准则。而专注所带来的，是专业，对行业更深刻的理解，对全局更全面的认知，对趋势更敏感的预见，才能在别人看不懂的时候敢投，别人浅尝的时候下重注，别人退出的时候长期持有。

二是创新。不同时期，每个企业都会面临不同的问题，创新则是解决问题的唯一方法。回顾深创投的发展历程，能安然度过股权分置前缺乏退出渠道、IPO 放缓等艰难时期，穿越多个经济周期，靠的是每个时点做对选择，以创新的模式和方法与时俱进，给自己找到出路。时代发展至今，科学与技术进步所带来的变化更加迅猛，对组织的创新能力也提出了更高的要求，潜在的对手可能是完全不同领域的创新力量和新趋势，因此要时刻对变化保持警惕，时刻思考以何种创新方式占据主动。

三是赋能。深创投长期坚持"三分投资、七分服务"理念，因为好眼光可能很多机构都有，但能陪伴企业发展壮大，更多要靠赋能的真本事，靠资源整合、资本运作、管理提升等多种方式助力所投企业发展。甚至有时候，因创投机构的赋能，让原本已经面临困境的企业起死回生，这考验的是创投机构自身的能力。同时，除了赋能所投企业外，更要赋能自己的团队和员工，让组织始终保持对创新的开放心态，持续学习提升，不掉队、不落伍，始终站在时代的前沿，甚至引领时代的发展。

四是胸怀。创投机构应致力于成为推动市场变革的力量，不局限于自身的蝇头小利，而是着眼国家发展大局、放眼世界长远变化趋势，依托经济规律、市场规律，顺势而为、创新制胜，以价值投资实现资本赋能，以投资的外部效应贡献社会，同时也实现自身的效益。要相信在为世界创造价值的时候，世界也必将回馈以价值。

在深圳这块创新创业的沃土上，深创投坚持市场化运作，插上了腾飞的翅膀，而由其探索形成的中国特色的创业投资发展之路，正在被众多创投机构学习、模仿，相信未来，创投力量必将在推动国家经济发展和人民生活幸福中发挥越来越重要的作用，而中国的创投力量，也必将在世界舞台大放异彩。

【案例赏析 3】

达晨：20 年铸就的中国创投排头兵

2000 年 4 月 19 日，达晨脱胎湖南广电在深圳创立，是我国第一批按市场化运作设立的本土创投机构。自成立以来，达晨伴随着中国经济的快速增长和多层次资本市场的不断完善，在社会各界的关心和支持下，聚焦信息技术、智能制造、医疗健康、大消费和企业服务、军工等领域，发展成为目前国内规模很大、投资能力强、具有较大影响力的创投机构之一，并被推选为中国投资协会股权与创业投资专业委员会、中国股权投资基金协会、深圳市创业投资同业公会、深圳市投资基金同业公会、深圳市企业家联合会、深圳市私募基金业协会等专业协会副会长单位。

凭借严谨的投资态度、专业的投资理念、持续的创新精神和优良的投资业绩，达晨现已发展成为中国本土较具品牌影响力的创投机构之一。在行业权威评比机构和权威媒体的各项综合评比中，达晨多年来一直名列前茅：2001 年至 2019 年，连续 19 年被行业权威评比机构清科集团评为"中国最佳创业投资机构 50 强"，2012 年度、2015 年度全国排名第一；近 10 年稳居本土创投前三，并荣获"2012 年中国最佳创业投资机构""2015 年中国最佳创业投资机构""2009 年中国最佳退出创业投资机构""2012 年中国最佳退出创业投资机构""2015 年中国最佳退出创业投资机构"等荣誉。

截至 2020 年 9 月 30 日，达晨共管理 23 期基金，管理基金总规模达

300亿元；投资企业超过540家，成功退出180家，其中100家企业上市，80家企业通过企业并购或回购退出。

与企业共成长是达晨的生存秘诀

在2020年上半年已上市的118家企业中，多达88家企业具有VC/PE背景，渗透率高达74.58%。其中，达晨完成挂牌加过会12家，预披露20家，并以实现9家IPO退出的成绩，成为2020年上半年的"IPO之王"。

在成立20周年之际，达晨收获了历史上最好的半年度IPO业绩。取得如此好成绩，并不仅仅是运气的眷顾，更是中国资本市场的全面深化改革，达晨企业的努力和坚守，以及达晨专业高效的投后服务共同铸就的。达晨成为2020年上半年"IPO之王"是厚积薄发，也是水到渠成。达晨创始合伙人、董事长刘昼分享了"IPO之王"炼成之秘诀就是"与企业共成长"。

投资"硬科技"分享成功的硕果

达晨创立于2000年4月，是我国第一批按市场化运作设立的本土创投机构，截至2020年9月，累计投资超过540个项目，实现退出的超过180家，其中有100家为IPO退出。在其投资名单中，出现了包括爱尔眼科、热景生物、网宿科技、康希诺生物、亿纬锂能、道通科技等在内的"硬科技"企业。

2019年3月，康希诺生物在香港交易所主板H股上市，成为港交所上市的第一只疫苗股。2020 年 1 月，康希诺生物正式递交科创板上市申请并获得受理，拟募集资金用于新型疫苗产能扩大与新疫苗产品研发。4月 30 日，上交所科创板上市委 2020 年第 21 次审议会议同意康希诺生物发行上市（首发）科创板过会，康希诺生物成为"港股 + 科创板"疫苗第一股，是我国生物医药领域"硬科技"企业的典型代表。

康希诺成功登陆资本市场，达晨在幕后发挥了巨大推动作用。达晨医疗健康行业合伙人李江峰很早就开始关注疫苗领域的发展，希望能够挖掘到国内优质疫苗企业标的。根据公开数据显示，2017 年全球疫苗市场规模为 438 亿美元，预估 2030 年该数据将增至 1000 亿美元。国内疫苗市场规模预计将从 2017 年的 253 亿元增至 2030 年的 1009 亿元。从人均疫苗接种价格的角度看，目前中国人均接种价格仅为美国的 6%。国内疫苗市场增速可观。李江峰介绍："毫无疑问，疫苗领域是一个巨大的蓝海市场。

图 5-10　2019 年 3 月 28 日，康希诺生物作为"第一疫苗股"在港交所上市

康希诺的创始人宇学峰是我的学长，我们都毕业于南开大学生科院。我们的校友企业里有如此优秀的企业，达晨当然不能错过。"

2017年，达晨投资了康希诺。当时疫苗领域还是生物医药领域里的一个小众市场，并不像如今这么火爆。由于疫苗领域是一个需要高投入的产业，资金和技术是重要的制约因素。而对于康希诺来说，技术的核心是人才，企业创始团队由在制药及疫苗行业从业多年、彼此优势互补的专业团队组建，专注技术创新及人才的吸引。至今公司团队已从最初的4位创始人扩展到了400余人，是一家集研发、生产、质量管理和运营的完整的疫苗企业。在专业团队的带领下，康希诺具有强大的研发技术，包括基于腺病毒载体疫苗技术，能够生产各种结合疫苗的结合技术，蛋白结构设计和重组技术，以及培养基配方不含动物成分的制剂技术等。康希诺成功研制出的重组埃博拉病毒病疫苗（Ad5-EBOV）于2017年10月在国内获准上市，这是我国第一款获批的埃博拉疫苗。埃博拉疫苗的成功研制，使得康希诺在市场上的知名度和影响力与日俱增。

达晨自从投资了康希诺之后，运用自身生态体系，为康希诺做了一系列资源整合工作，并以在境内资本市场的丰富经验和背书能力，弥补了之前康希诺以外资投资人为主的资本短板。超出达晨预期的是，康希诺以极快的速度成功登陆资本市场。截至2020年7月13日收盘，康希诺市值已经达到555亿港元（折合人民币约500亿元）。达晨的投资在3年内实现了13.28倍的账面增值，康希诺也成为达晨投资史上名副其实的"明星项目"之一。

康希诺只是达晨投资的众多"硬科技"项目的一个代表。在达晨的投资原则中，是否具有真正的核心技术是选择项目的重要条件。刘昼认为，发展"硬科技"是中国未来发展的关键牌，"面对美国的贸易制裁和技术封锁，扩大对外开放是我们的底牌，中国庞大的市场是王牌，而科技强国才是关键牌。大力提升中国科技实力特别是关键核心技术的自主创新能力，才是对美国贸易制裁和技术封锁的最有力回应。无论是疫情阻击战还是美国贸易制裁和技术封锁的突围战，说到底最终都是一场科技战，'硬科技'这张牌一直没有变，只会变得越来越重要"。

科创板开启了"硬科技"投资的春天

2019 年 10 月 23 日，达晨投资的紫晶存储、万德斯、龙软科技 3 家企业同日科创板过会，创下行业 IPO 过会纪录并成为行业佳话。2020 年 4 月 30 日，康希诺生物、慧辰资讯又同日科创板过会，这已经是达晨第六次收获同一日两家以上企业 IPO 过会，中国资本市场给 VC/PE 提供了大展身手的广阔舞台。

刘昼说："遇到新的机会，不能犹豫，要灵活、机动、敏感。像猎人一样，永远保持饥饿感。"从"狩猎"创业板，到"围捕"科创板，达晨似乎抓住了每一个资本市场变化带来的机会。回顾达晨历史上的重要时间节点和标志性事件，2006 年股改全流通、2009 年创业板开市、2019 年科创板开闸，每一次，达晨都借助资本市场的机会跳到更高的台阶上。

面对科创板开闸，刘昼表示出巨大的热忱，他斩钉截铁地说："科创板的平稳运行，标志着我国资本市场日趋成熟，不仅增强了我国进一步深化资本市场改革的决心和信心，更对整个投资生态带来重大的影响。可以说，科创板开启了硬科技投资的'春天'，自主可控与进口替代将成为未来股权投资的主旋律。"他认为，从 2018 年 11 月宣布设立科创板并试点注册制，到 2019 年 6 月 13 日科创板正式开板，科创板的成立仅用了 200 多天，充分体现了党中央、国务院对科技强国和补齐资本市场服务科技创新短板的高度重视。

达晨长期专注"硬科技"投资，在高端装备制造、芯片与半导体、人工智能、信息安全、环保新材料、生物医疗、军工等领域布局了一大批优秀企业，与科创板"三个面向""六大行业"的战略定位高度吻合。

刘昼分析道："关于国内'硬科技'项目偏少的问题有多方面的原因，有国家层面的，有企业层面的，有技术层面的。我要说的是，有一个重要的原因是以往资本市场的支持力度不够。'硬科技'项目投入多、周期长、风险大，很多科技企业前期都是亏损的，按照以往的规则，亏损企业是不能上市的，上不了市就难以融到资，资金后续乏力就拖累企业投入，形成恶性循环，企业最终可能垮掉。中央已经意识到这个问题，科创板的设立就是要补齐资本市场服务科技创新的短板，可以说科创板的设立对整个投资生态带来了重大的影响。现在越来越多的'硬科技'企业，通过科创板登陆资本市场，借助资本市场的力量走上了发展的快车道。未来，达晨将一如既往地帮助企业成长，聚焦底层核心创新技术，为科创板培育更多'硬核'上市资源，更好地服务国家战略。"

持续赋能企业，陪同企业共成长

达晨执行合伙人、总裁肖冰讲述了一个关于赋能被投企业的故事：2003 年，达晨团队在一份深圳创新创业的企业名单里面看到了和而泰这个公司。当时的银行对早期创业企业的贷款非常谨慎。所以，早期企业的融资非常困难。达晨很看好和而泰这个团队，主要是和而泰创始人刘建伟是哈工大的教授，而且和而泰的技术水平、商业模式和产品方向都不错。所以经过大半年时间的考察，达晨就决定投资这家公司。

达晨于 2004 年投资了和而泰近 800 万元。融资完成以后，和而泰想做一个大的战略转型，从国内的客户转向海外的客户，但是在客户切换的过程中，和而泰遇到了现金流的困难。2004年又碰到国内宏观调控、银根收紧，银行首先就收紧了对中小企业的贷款，当时一笔计划中的贷款没有如期实现，这对企业的资金链造成了巨大的压力，连发工资都比较困难。就在这个危急关头，达晨对和而泰进行了借款，希望能够支持它渡过这个难关。

"然而，由于转型的时间比预期的时间更长一些，我记得最困难的时候有供应商上门催要货款，也有供应商封企业的账号，当这种情况出现时，企业家就非常焦虑。我们找到银行，为企业争取了一笔大额贷款，企业终于挺过了难关。后来，有一家大型企业提出要并购和而泰，最后我们和企业家达成了共识，我们选择了不卖公司，决定独立自主地往前走，这样一步一步就走出去了，然后实现了当时设定的战略转型，全部转成世界500强的客户，实现了公司现金流的改善。和而泰也逐渐成长为行业龙头，变成了深圳证券交易所一家特别优质的上市公司。"

2010年5月11日，和而泰在中小板上市，达晨退出收益2.18亿元，回报27倍。截至2020年7月，和而泰市值为151亿元。

无独有偶，达晨军工团队投资总监公绪华介绍了一个新近的案例。2017年达晨投资的安博通公司，拥有自主研发的网络安全系统平台（ABT SPOS），是网络安全能力输出者、上游软件平台与技术提供商，通过直销模式向行业内各大产品与解决方案厂商，例如华为、新华三、星网锐捷、太极股份、360网神、中国电信等，提供网络安全软件或软硬一体化的网络安全设备。达晨一直坚持"三分投资、七分投后"，投资安博通后，除了提供投资资金外，始终坚持主动式的全程管理和重点服务，为公司提供资源整合、赋能建议，在中介团队确定、股权支付方案制定、申报板块决策、建立军品事业部、加强专家顾问团队等方面都付出了诸多努力。2019年9月6日，安博通正式登陆科创板，截至2020年6月底，安博通市值达60亿元，达晨投资回报近5倍。

如果被投企业上市途中被要求撤回材料，作为投资机构，达晨会如何面对呢？达晨投资的道通科技就曾遭遇过这样一段曲折经历。早在2016年，道通科技就向中国证监会递交了IPO申报，但在后续排队等待中，公司业务基本面受到极大的挑战，因无人机的巨大投入连累整体业绩，根据当时IPO审核理念，面临巨大不确定性。排队达一年之久，2017年不得不中途撤回材料，宣告第一次IPO上市失败。面临上市失败，企业家也承担了巨大的心理压力，可能面对其他投资人赎回股份的风险，企业也可能因此资金链断裂。关键时刻，达晨对优秀企业的坚定信心未变，认为企业只是一时遇到困难，并不会改变对优秀企业家的长期投资理念。因此，在部分股东提出回购的情况下，达晨坚定看好道通科技的未来价值，也下定决心长期坚守，这给企业家吃下了一颗定心丸。在IPO撤材料之后，道通科技开始将亏损巨大的无人机业务拆分出来，用持久战慢慢培育，先将业务优质的汽车领域业务先行上市。实现业务分拆后，原有业务继续保持高速增长与漂亮的盈利能力。2019年科创板开通，鼓励新兴产业与关键领域在资本市场融资。道通科技凭借科技属性与良好的盈利能力，快速抓住科创板机遇，于2019年6月完成科创板申报，11月审核通过，2020年2月成功注册上市。截至2020年9月30日，道通科技市值达301亿元，达晨投资回报28.5倍。

"我们项目投了之后就不用管了，这是最好的，但实践中是可遇而不可求的，股权投资到最后，一定是拼大家的增值服务能力，钱背后的资源和增值服务，也成为企业选择资本的重要标准。"刘昼介绍，达晨一直坚持"投资就是服务"和"赋能投资"理念，为企业提供市场开拓、人才培养、公司治理、行业并购、企业上市等全方位服务。达晨一直在努力打造平台生态组织，发起成立了"达晨企业家俱乐部"、各地"达晨汇"、"达晨投资人俱乐部"、"达晨全面战略合作联盟"，整合各种高端资源，通过"平台＋生态"良性互动，为投资企业提供专业、务实、有效的增值服务，形成以达晨为桥梁的产业链生态体系，实现赋能、合作、共赢的目标。

图 5-11　2017 年 9 月，"达晨汇"启动仪式

在全国形成京沪深"三足鼎立"的布局

站在创立 20 周年的时间节点上，达晨有了新的战略布局，就在 2020 年 6 月，达晨华东总部与浦东金融工作局、陆家嘴金融城发展局正式签订落户协议，以更好地布局长三角投资，挖掘更多长三角的优质企业。达晨合伙人、副总裁窦勇对达晨华东区域过往投资情况进行了梳理，长三角区域一直是达晨的投资重地，达晨已在长三角投资 130 余家企业，投资总规模超过 50 亿元。

自 2014 年起，达晨就将华东这片经济快速发展并充满创新基因的土地作为重要的业务阵地，6 年多的时间里，持续关注华东地区创业者，帮助和陪伴了诸多企业快速成长和发展，其中既包括瑞芯微、万德斯、新洁能等以"硬科技"推动社会进步的创新型企业，又不乏分众传媒、叮咚买菜、掌门 1 对 1 这样的明星企业。

"我们认为长三角将在未来五年的中国经济发展中扮演龙头角色，而上海作为长三角区域的核心城市，一直发挥着龙头效应并对其他三省产生辐射带动作用。华东总部的设立，标志着达晨完成了在全国形成京沪深'三足鼎立'的布局。未来，达晨将抓住中国经济转型升级和创新驱动过程中涌现的巨大投资机会，一如既往地聚焦底层核心创新技术，更加重视对以上海为龙头的长三角区域的投资布局，全力推动长三角地区经济转型升级和创新发展。"刘昼表示。

为表彰有关单位在推进基地建设和服务科创板中所做出的突出贡献，

图 5-12　2019 年 3 月 5 日，达晨与上交所举行科创板拟上市企业第一次推介会

经浦东新区政府与上交所共同评议，授予10家单位"2019年度长三角资本市场服务基地服务创新奖"。作为长三角资本市场服务基地的联盟成员，达晨凭借积极参与基地建设并助力企业登陆科创板中取得的优异成绩获此殊荣，也是唯一获奖的创投机构。

达晨总部设在深圳，刘昼对深圳的营商环境赞美有加，同时对粤港澳大湾区的未来十分看好。他介绍，截至2020年6月，达晨在广东（含深圳）的投资企业超过130家，深圳不仅有华为、腾讯、中兴、大疆等一大批优秀科技企业，产业链完整，而且创业板进行注册制改革后深交所更具有活力，特别值得关注的是，粤港澳大湾区建设必将给创投机构带来巨大的发展契机。从资金端看，跨境投资与募资渠道打通。《粤港澳大湾区发展规划纲要》（以下简称《规划纲要》）支持香港机构投资者按规定在大湾区募集人民币资金投资香港资本市场，参与投资境内私募股权投资基金和创业投资基金。香港机构投资者作为资本市场的重要力量参与募集，将作为"催化剂"带动人民币基金的进一步活跃，进而扩大香港与内地居民和机构进行跨境投资的空间。从项目端看，大湾区的建设将打通港澳创新创业屏障，积极推进各类创新创业基地和孵化空间的建设和运营，吸引大批具有高产业附加值的企业入驻大湾区，为VC/PE强化早期投资提供新的通道和选择。同时，《规划纲要》明确提出，着力培育发展新产业、新业态、新模式，支持传统产业改造升级，加快发展先进制造业，壮大培育战略新兴产业，大力发展现代服务业和海洋经济，促进产业优势互补、紧密协作、联动发展，培育若干世界级产业集群。这些产业的发展，为创投机构提供了丰富的、可供选择的、高质量的标的。

"对达晨而言，要强化对'募投管退'各个环节的管理，发现并支持更多优秀的大湾区企业成长，更深地融入大湾区的建设中去。"刘昼语气乐观。

达晨募资"三板斧"，跨越资本寒冬

过去几年来，刘昼一直都在强调募资的重要性："创投'玩'的是大资本，起点很高，最担心的是'断粮'，企业和人一样都是有生命的，想要生存就需要粮食。作为 GP，我们必须保证募资的持续性，但募资的持续性，关键是要有赚钱的能力，你能持续赚钱，自然有人追随你。"

一个成功的基金，必定有一个成功的募资团队。成功的基金伴随着鲜花和掌声，也伴随着募资团队的艰辛和努力。说起达晨的募资团队，达晨合伙人、高级副总裁邵红霞是当仁不让的领头人物。在达晨市场化募资的 10 余年时间中，上至邵红霞，下至团队成员，把募资工作当作一个系统工程在做，付出了艰辛的努力，毫不夸张地说，这是投资界最会"找钱"的一个团队。

达晨投资人关系部总经理刘畅介绍，达晨的募资在业内非常有代表性，主要体现在以下三个方面：其一，最早以自有资金开始投资，且经历过行业蛰伏期，因此特别重视投资效率，始终把基金回报放在第一位，以明星项目打造明星基金。达晨第一只市场化募集的基金是在 2009 年与诺亚财富合作募集的，基金规模达 4.63 亿元，这一期基金投资了众多明星项目，获得了超 6 倍的回报，也是同期基金里业绩最好的基金。2009 年，酝酿了 10 年的创业板终于出炉，伴随着开市钟声的敲响，达晨投资的爱尔眼科、亿纬锂能和网宿科技登陆创业板，独中三元，让达晨一战成名。有了首次合作的基础和达晨在创业板的成功，2010 年，诺亚与达晨合作发行创盛世基金，没过多久，就完成了规模为 13.55 亿元的募集，比上一只基金扩大了 3 倍。

其二，高度自律。20 年来一直坚持单基金模式，同一时间所有投资团队只为一只基金服务，几乎没有设过区域基金、行业基金。单基金模式确保没有利益冲突，确保了基金决策水平的一致性，因此受到保险等众多品牌机构 LP（即有限合伙人）的认可；即便是募资寒冬的年份，达晨仍能持续保持市场化募资。

其三，达晨是业内在 LP 结构上最早机构化的 GP。2013 年，达晨就前瞻性地开始试水与机构 LP 合作，从 2014 年起，首次实现基金中机构 LP 占比超过个人 LP。近年来，在市场募资寒冬的背景下，战略合作的机构 LP 的支持让达晨一直能持续募到钱，机构 LP 也成为达晨最好的品牌背书。比如，金融类 LP 有工商银行、招商银行和中意人寿等，产业类 LP 有世纪金源、电广传媒、爱尔眼科及达晨投资过的十几家上市公司，市场化母基金的代表包括歌斐、清科母基金、招商局资本、光控母基金、恒天母基金等，国资类 LP 包括云能基金、安徽建安、厦门金圆、宏泰集团等。

刘畅透露，除了上述三个方面，达晨坚持资金来源市场化、LP 结构多元化。"不要'戴着枷锁的资金'。而且，我们一直致力于和上述几类 LP 深度合作，在资金来源上不存在依赖，较为市场化，因此也较为持续，抗风险能力强。而且，'募投管退'的强大体系化，为基金管理和 LP 服务提供了极大的支持，在对机构 LP 的信息披露、投后服务上专业高效。"

由于具有以上特点，达晨在募资寒冬的 2019 年，完成了规模为 50.41 亿元的达晨创通基金的募集，并与业内顶级 LP 深度合作。达晨每一期基金 LP 的持续出资比例都达到 50%。2020 年，达晨还将启动新一期规模预计 50 亿元的基金募集。

"科技＋消费"是达晨未来的主赛道

达晨的过往，用刘昼的话总结就是"一群人、20 年、一件事"。经过

20 年的发展，达晨形成了"投资就是服务"和"赋能投资"的理念，打造了一支经验丰富、特色强烈的专业化投资团队。在达晨的推动下，一大批企业已成长为行业翘楚和资本市场明星，并带动和引领了国内与其相关的新兴领域、新兴产业链的蓬勃发展，创造了良好的经济效益和社会效益。2010 年至 2019 年，达晨累计实现净利润 27.81 亿元，年均净利润 2.78 亿元，利润复合增长率、资本回报率等核心指标始终保持同业领先地位；累计纳税 14.7 亿元，年均纳税 1.47 亿元，成为行业纳税大户。同时，一大批达晨系企业做大做强，在增加就业岗位、提高企业研发能力、促进创新产品产业化、推动经济增长、增加企业税收等方面做出了积极贡献。

关于未来的方向，刘昼透露，"科技 + 消费"是达晨未来的主赛道，也是达晨一直看好并重点投资的领域。在第十二届陆家嘴论坛开幕式上，刘鹤副总理在书面致辞中表示："我们仍面临经济下行的较大压力，但形势正逐步向好的方向转变，一个以国内循环为主、国际国内互促的双循环发展的新格局正在形成。"这是中央基于当前面临的国际国内形势，对未来中国发展方向的一个基本判断，国内循环为主、国际国内互促的发展格局包含了巨大的机会。首先是科技领域，新一代信息技术处于爆发式增长的前沿，其中最

图 5-13　达晨董事长刘昼

核心的是 5G 和人工智能，马上要进入大规模成熟应用的阶段，蕴含着大量的投资机会。除此之外，医疗健康、高端智能制造、军工都是科技领域中的优势赛道。其次是消费。国内循环为主，意味着要进一步扩大内需，中国有全世界最大的市场，14 亿人的消费需求，无论是衣、食、住、行、玩都有巨大的空间。今后，刺激内需的政策会越来越多。20 世纪 60 年代，日本能在二战之后的废墟上站起来，主要靠的是拉动内需市场，这个经验值得借鉴。

"拥有了 20 年的积累，达晨现在的节奏是沿着产业链延伸，并不断扩大业务产品线，拓展大 PE、定增并购等领域。"刘昼透露，未来，达晨将进行国际化的布局，补齐过去 20 年的短板，下一个 5 年，达晨将形成 VC、PE、并购的投资与退出闭环，打造投资行业的大资管平台。

达晨的成功是价值观的成功

截至 2020 年 9 月 30 日，达晨资产管理规模超 300 亿元，投资企业超过 540 家，实现退出的超过 180 家，其中 100 家为 IPO 退出。在其投资名单中，出现了大批明星企业，包括爱尔眼科、尚品宅配、网宿科技、蓝色光标、康希诺生物，还有带来高额回报的吉比特、亿纬锂能，也有具有时代标志性的同洲电子、圣农发展等。

"达晨的成功是价值观的胜利，如果说我们能够给行业贡献什么，我想应该是我们的投资价值观——坚持专业、长线、价值投资。经历多次周期的洗礼，我们最重要的认识是：投资要回归常识，回归商业本质，面向一级市场的投资，无论 VC 还是 PE，本质都是一样的，都是要做长期价值创造者，而不是做短线投机套利者，这是唯一正确的路。"刘昼表示，"我们这一代人比较坚定，最重要的一个品质就是坚持，当我们找准了方向和节奏，在每个阶段做对了一些事情，然后坚持到现在，就取得了一些成绩。"

首先是坚持长线投资。他说："我们从市场上募集到的钱都是长线的钱，一般 8 到 10 年，做短线的钱主要在二级市场，所以我们有长期投资的理念。从另一个角度看，企业的成长从来都不是一帆风顺的，需要有耐心的、抱着长远观点的投资人和创业者一起走过。我们原来投企业，3 年

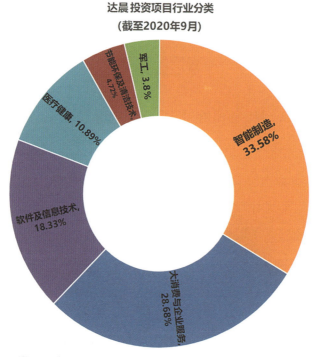

图 5-14　达晨投资项目行业分布

没上市就要求回购，我说能不能给企业多一点时间，5 年再回购，起码 4 年，因为 3 年时间太短，很多企业根本不能上市。"

其次是坚持专业投资。刘昼介绍，以前投资机构可以看谁起得早，可以靠一、二级市场的差价挣钱，但那个时代已经过去了，今后一定是靠专业赚钱、靠技术赚钱。所以达晨投的企业一定要有成长性，成长性是投资的灵魂。企业具有良好的成长性，就能不断吸引更多的后轮投资人，如果成长性不好，企业就会垮，就没有人给你投资了，甚至血本无归，所以一定要选准成长性好的企业。还要坚持区域加专业的双轮驱动。因为中国地域广阔，珠三角、长三角、京津冀一体化，等等，说明中国的创新创业遍地开花，因而区域化的布局加专业化深度垂直可能是当前 VC/PE 的最佳示范。

最后是坚持价值投资。2006 年以前，那时的股权投资退出无门，行业一片萧条。但是达晨在内部确立了"三个坚信"——坚信中国经济向好，坚信中国资本市场向好，坚信中国本土创投会做好。正是有这"三个坚信"，才有了达晨的今天。刘昼解释道："其实这里面就蕴含着价值投资的理念，我认为的价值投资就是坚定地看好一个行业、选好一个企业，投入资金支持其发展直至它成功，而不会去过多地考虑周期、波动这些次要的因素。达晨本身就是这样走过来的，我们将这种理念也融入投资过程中，形成了早期重仓、多轮投资，提高明星项目比重及持股比例，以明星项目群打造明星基金的具体打法。"

【**案例赏析 4**】

基石资本：帮助有梦想的创业者圆梦

基石资本是一家底蕴深厚的股权投资管理机构，发端于 2001 年，拥有 19 年投资管理经验，是中国最早的私募股权投资机构之一。企业总部位于深圳，在北京、上海、香港、合肥、南京设有分部。至今，基石资本已累计管理天使、VC、PE、并购、定向增发、私募证券等类型的投资基金 80 余只，累计资产管理规模逾 500 亿元，在全国位居行业前列。

基石资本秉持"集中投资、重点服务"的投资理念，在医疗健康、新材料、消费服务、人工智能等领域，培育和造就了一批行业龙头企业，并获得了持续、稳健、优异的历史回报。

基石资本的著名投资项目包括迈瑞医疗、韦尔股份、新希望、凯莱英、埃夫特、新产业、商汤科技、米未传媒等。其中，山河智能、三六五网、德展健康等项目都收获了百倍回报。

基石投资秘诀：集中投资与重点服务

基石资本从 21 世纪初就开始专业从事股权投资，近 20 年来累计投资项目约 150 个，实现流通与退出近 70 个，退出成功率约 45%；其中上市退出近 40 家，包括迈瑞医疗、新希望、韦尔股份等知名企业，上市公司形成率约 1/4，各项退出指标均处于行业上游水平。基石资本秉持着"集中投资、重点服务"的投资理念，在医疗健康、新材料、人工智能、消费服务等领域，培育和造就了一批行业领袖与细分行业龙头，有的项目甚至收获了百倍回报。

基石资本创始人、董事长张维说："我们对所选的项目有很强的信心，才会下重注。而且除了资金上的支持，基石资本也为被投企业提供持续而强大的投后服务。"

投资集中度高与回报高特色鲜明

从 2001 年开始投资至今，基石资本累计管理规模已超过 500 亿元，累计投资的项目却只有 150 个左右，在 PE 机构中，这个数字绝对算是"低产"了，那些成立时间更晚且与其管理资产规模相近的投资机构，累计的投资项目数量大多是其 3 倍以上。

投资项目少而管理的资产规模大，意味着单个项目的投资金额相对较

图 5-15　基石资本董事长张维

高。2016 年以来，基石资本累计投资了约 80 个项目，单个项目平均投资额接近 2 亿元，其中 60% 的项目投资金额超过 5000 万元。从这个角度来考察，基石的策略可以概括为"集中投资"。

除了投资集中度高，基石资本还有一个鲜明特色，那就是投资回报高。以投资迈瑞医疗为例，2016 年，迈瑞医疗完成从美国私有化回归并进行增资扩股，当时 30 多倍 PE 的入股价格吓退了很多机构，但基石资本董事长张维坚持认为有安全边际的投资是难得和珍贵的，资本市场的非理性繁荣还可能会带来意外惊喜。张维认为，迈瑞医疗的安全边际来源于三方面：一是迈瑞医疗作为国内最大的医疗设备供应商，回归 A 股上市并无悬念；二是企业成长性有保证；三是迈瑞医疗在经济从增量市场向存量市场转变的大背景下有更强的确定性，更易赢得市场的认可。3 年后回头来看，基石资本这笔投资获得了近 4 倍的收益，远超张维当时 3 年 1 倍的预期。张维是一个敢于重仓投入有安全边际企业的投资人。他很清楚，拥有安全边际的投资，就有可能因资本市场的非理性繁荣获得高回报。

在基石资本的发展史上，山河智能、三六五网、德展健康等项目都收获了百倍回报。

匹配集中投资的投后管理策略

在 PE 的工作链条上，投资只是起点，要到达顺利退出的终点，还需要进行有效的投后管理，通过全方位的风险控制和增值服务，帮助企业实现预期中的高成长。

对于践行集中投资策略的基石资本，投后管理显得格外重要。张维表示："我们并不只在投资决策上花精力，更要操心投后管理，要整合更多的资源去服务企业。基石资本有一个突出的能力，就是投后管理能力，因为我们积累了大量的投后管理经验。"

基石资本投资工业机器人企业埃夫特的过程，充分体现出基石资本匹配集中投资的投后管理策略。埃夫特成立于 2007 年，如今已成长为中国工业机器人行业第一梯队企业，能为客户提供工业机器人产品以及跨行业智能制造解决方案。埃夫特在企业发展过程中，一度面临资金紧张和技术升级的约束，基石资本看到了随着中国经济从传统的粗放型经济增长方式向高质量的经济增长方式转变，高端制造业的机会来临，以及埃夫特本身的素质，于是对埃夫特进行了重点投资，在它最需要资金的时候，基石资本挺身而出，解决了企业急需资金的诉求，同时，基石资本通过海内外的产业资源以及凭借跨国并购经验，帮助埃夫特进行了海外收购。

2016 年，埃夫特为了进一步提高自身的规模和实力，计划进行一次大规模的海外并购，基石资本给予了资金和资源支持，在各个并购关键环节中扮演了不可或缺的角色。

张维回忆，成功的跨境并购需要丰富的实操经验和强大的资源协调能力，光凭埃夫特自身的力量是无法完成的。首先是标的选择。埃夫特希望对方在工业机器人领域，最好是在汽车领域拥有核心技术，有较为高端的下游客户，还要有一定规模的盈利。据此，基石资本合伙人陶涛帮助其筛选出了意大利 WFC 集团。WFC 集团是业内领先的汽车装备和机器人系统集成商，拥有白车身焊装系统集成 20 余年的项目经验和核心技术，是菲亚特克莱斯勒、大众、雷诺、通用等知名整车企业的一级供应商，在各方面都符合埃夫特的要求。此后，基石资本协助埃夫特开始了对 WFC 集团历时 8 个月的尽调，范围涵盖管理层、业务、技术、客户、财务、法律等各个方面。值得一提的是，考虑到工业机器人行业存在极高的行业壁垒，基石资本颇费周折地邀请到了行业内的顶尖企业库卡机器人的原 CEO 及原 CFO 担任尽调的顾问。收购过程中，基石团队还展现了强大的谈判能力。而对于交易架构，则选择走企业通道，成功克服了跨境并购的一大难点。

　　2017 年 9 月，埃夫特海外收购 WFC 完成，埃夫特借助 WFC 多年积累的白车身焊装系统方案的技术、品牌影响力及客户关系，在国内拓展高

图 5-16　2020 年 7 月 15 日，埃夫特在科创板上市，基石资本副董事长林凌与埃夫特董事长许礼进，埃夫特董事、总经理兼总工程师游玮在上交所合影

端本土车厂及合资车厂，结合机器人国产化的成本优势，带来了明显的协同效应。

在基石资本的帮助下，埃夫特已成为我国高端机器人产业的一颗明珠，也对安徽省的产业升级、夺取制造业的制高点提供了有力支撑。2020年7月，埃夫特在科创板成功上市。

三六五网是基石资本第一个实践全程投后管理的项目。从这家企业设立之初，基石资本就深度介入，从协助企业制定发展规划、深耕区域市场，到通过并购完成对华东六大城市的布局，再到设计上市方案并最终完成IPO攻坚，提供了全链条的服务。基石资本在三六五网上收获了逾百倍回报。

基石资本对企业的投资不仅是提供大笔资金，更多的是匹配企业发展所需要的重要战略资源，也因此给基石资本带来了丰厚的投资回报。

更加青睐"硬科技"

张维坦言，无论是从服务创新还是争取回报的角度，基石资本更加青睐"硬科技"项目。比起软件互联网企业，半导体芯片等"硬科技"企业的成长要平缓许多，需更长久的投入支持；同时，由于风险相对较高，"硬科技"企业很难从风险偏好较低的银行体系融到足够的资金，所以需要更能容忍风险的资金。因此，创投机构与"硬科技"企业是高度契合的。

商汤、柔宇、华大智造这些"硬科技"企业背后，都有基石资本的投资参与。商汤科技已成为中国头部人工智能算法提供商，在多个垂直领域的市场占有率位居领先地位，是全球最大的人工智能独角兽。基石资本曾于2017年和2019年两次给商汤注资数亿元，商汤当前估值超过75亿美元，基石资本第一笔投资回报超过10倍。

　　"我们之所以愿意在商汤、柔宇这样的企业下重仓，正是因为它们都是真正意义上的'硬科技'企业，有世界级的平台型技术，而非普通的应用型技术。"张维表示，柔宇能否成功，有两个巨大的门槛需要跨越，首先是能否将技术转化为生产，其次是能否将生产转化为切实的财务数据。如今，柔宇已经证明了自己能够量产合格的产品，下一步要做的就是将大生产再落实为漂亮的业绩和财务报表。

　　张维以特斯拉为例，认为风投应该给予"硬科技"企业更多的支持："特斯拉于 2003 年创立，2010 年在美国上市，成立至今，尚未实现年度盈利，累计亏损超过 70 亿美元。2015 年累计销量才达到 10 万辆，2017年年销售量才达到 10 万辆。但是，美国资本市场高度尊重'从 0 到 1'的创新，给予了特斯拉较高估值和持续不断的资金支持，所以特斯拉才能坚持到今天收获成功。"

　　接着，他分析了美国硅谷、以色列的创投机构对于发展高科技产业的贡献。"我们可以看到，硅谷的风投机构对于美国高新科技的发展起到了不可替代的作用。据统计，20 世纪 80 年代以来在美股 IPO 的科技公司中，有约六成曾得到风险投资，如谷歌、苹果、亚马逊等具有代表性的高科技企业的成长都得到过风投的大力支持，在美国，风险投资便是技术融资

图 5-17　2017 年 4 月，商汤科技创始人汤晓鸥在基石资本投资人年会上演讲

的代名词。以色列也是如此，以色列政府参股运作 YOZMA 基金，为数百家以色列初创公司提供资金支持和创业辅导，成功造就'第二硅谷'。目前以色列人均风险投资额世界第一，数倍于美、英，数十倍于我国，高科技创新企业达 4000 多家，密度全球最高。"

张维表示："在中国经济转型的大背景下，我们作为创投机构，理应通过支持'硬科技'企业的方式，为中国的经济转型做出更多贡献。用德鲁克的话说，履行自身的职能是企业的首要社会责任，也是社会的第一需要和首要利益。除非能够负责任地履行自己的职能，否则一个机构就不可能履行其他任何责任。因此，基石资本首要和最重要的社会责任就是履行好自己作为一个创投机构的职责。市场是实现资源配置的最有效手段，我们通过投资，一方面，帮助各行各业形成宝贵的资本金，为社会做贡献，我们把天使投资当作新公益来做，通过企业化、商业化提高它的效率，从而扩大规模，惠及更多创业者；另一方面，利用资本市场巨大的财富效应，激发全社会创新创业的热情，让更多的人才投身到'硬科技'、新经济中来，推动社会向前发展。"

科创板是中国创新经济的发动机

张维表示："从人类文明演化与竞争的逻辑来看，当世界上出现了更好的技术发明和制度创新的时候，如果你不去应用，你就会失去竞争力，而这正是中国今天要继续搞改革开放，以及设立科创板和试点注册制的国家意义。科创板是不对称竞争战略在金融市场的伟大实践。科创板的意义就在于要培养 100 家像华为这样的企业，由点成线，再由线至面，真正实现大众创业、万众创新。在此基础上，中国将形成一个科技创新的良好生态。"

科创板重点支持新一代信息技术、高端装备、新材料、新能源、节能环保以及生物医药等高新技术产业和战略性新兴产业，推动互联网、大数据、云计算、人工智能和制造业深度融合。除了中西之间发展阶段差距较小的互联网、人工智能、大数据、新能源电池等少数领域外，科创板定位支持的多数科技领域都是中国与西方差距巨大的传统科技领域，创业公司在这些中西差距巨大的传统"硬科技"领域，企业以往其实都过得异常艰难，包括难以从银行获得贷款支持，规模较小、没有形成规模性利润而无法在国内上市，导致多数投资机构不愿积极投资，一旦去境外上市，由于与成熟市场的对手相比规模差距巨大，无法获得境外资本市场的认可，没有估值溢价也没有流动性，几乎无法真正形成融资。

科创板出来后，直接扩展市场中套利机构的投资边界和投资容忍度，大大增强了对原创技术和创新型技术企业的直接融资功能，对推动原创"硬科技"在中国的发展有加速作用；有效引导国内机构尤其是人民币基金更加积极投资布局更具市场活力的中小企业；注册制改革有助于提高资本市场的融资规模和提高对中小企业的支持效率；要求企业提升自身的原创科技能力。

由此可见，科创板及注册制的推出，有助于解决国内科技企业发展早期缺乏资金的巨大压力，延长企业生存期。

张维认为，从金融市场与创新的关系来看，中国是以银行贷款的间接融资方式为主，直接融资占比低，中国直接融资占比约为20%，美国约为80%，中国的直接融资比例远远低于美国。创新又与直接融资高度相关，股权市场是直接融资最重要的一环。清华大学五道口金融学院副院长田轩教授的研究显示，对于外部融资依赖度高的企业，股权市场的发展能够促进创新，而信贷市场的发展则会抑制创新；对于高科技密集行业的企业，股权市场发展能够促进企业的创新，而信贷市场则相反。田轩教授的结论是创新专利情况与股权市场发展呈正相关关系，而与信贷市场发展呈负相关关系。因此，我国开通科创板，实际上是加大了原创技术和创新型技术企业的直接融资功能。

张维从美国网景公司上市的故事说起，认为从全社会创业创新的角度去看，科技企业的高估值是有其积极意义的。"1995 年 8 月 9 日，网景上市，这家成立仅一年多的公司成为美国第一家上市的互联网公司。上市首日，网景股价即从 28 美元涨到 58.25 美元，创始人和员工也都变成了亿万富翁或百万富翁。网景上市创造了巨大的财富效应，它激励了无数创业者投身互联网创业的浪潮，同时也为创业者吸引了海量的风险资金，二者与美国此前提出的'信息高速公路'战略一起，大大推动了美国信息时代的发展和新经济的繁荣。以此为起点，美国开启了 1990 年代互联网的繁荣，此后纳斯达克指数在五年内上涨超过 400%。"

一方面，巨大的财富效应是激励人们创业创新的动力。用诺贝尔奖得主埃德蒙德·菲尔普斯的话说，"草根阶层的活力要求人们拥有创办新企业的自由，及在冒险成功后得到社会承认和财务回报的信心"，正是这些"无处不在且深入社会底层的创新"带来了国家的繁荣。

另一方面，长周期、高投入、高成长的"硬科技"企业的估值，应该基于其成长性而不是现有的盈利规模，正是资本市场对"硬科技"企业潜力的肯定，给予了它们成长所需的海量资金。张维指出："大量成长性科技企业在上市节点还未形成规模性利润，但后期成长速度惊人；比起软件互联网企业，半导体芯片等'硬科技'企业的成长要平缓许多，需更长久的投入支持。这就是科创板，主要是注册制的巨大作用。毫不夸张地说，科创板是中国创新经济的发动机。"

深圳形成"铁三角"生态

张维对深圳的创新创业环境赞誉有加："深圳是全世界最像硅谷的城市。二者同为移民城市，有着移民城市特有的叛逆精神，以及更加宽容的社会氛围。深圳现在吸引了大量有想法、有创业精神的牛人涌入，已经形成了一个创业的生态，这和当初的硅谷也是一致的。最难得的是，深圳已经形成了资金资本密集、人才技术密集、大型科技企业生态密集的'铁三角'生态环境，形成了自我论证、自我循环式的发展模式。"

他说，硅谷成功最早得益于大企业形成的人才和技术外溢，比如IBM和仙童半导体。今天，深圳也已经形成了这样的生态和制造业体系。深圳如今驻扎了华为、腾讯、迈瑞、比亚迪等一批科技型大企业，这些大企业容纳不了那么多的人才和技术，很多人才就会拿着技术出来创业。而这些人才在创业时还能遇上绝佳的制度环境，因为深圳有非常好的服务型政府。

2017年以来，基石资本共有4只基金得到了深圳市的政府引导基金的

图5-18　2020年，基石资本合伙人合照

支持，基金总规模近百亿元，其中引导基金出资约占 1/4。张维介绍，这几只基金投资的深圳项目包括迈瑞医疗、柔宇科技、华大智造、第四范式、一博科技、百果园、岚锋创视、远荣智能、数篷科技、星云科技、深潜运动、本牛科技、懒人听书等。深圳外的著名项目还有韦尔股份、商汤科技、丽人丽妆、甘源食品、普瑞眼科、钱大妈、聚隆科技等。其中，迈瑞医疗、韦尔股份、丽人丽妆、甘源食品等已上市或过会。截至 2020 年 9 月，基石资本投资的项目中注册地位于深圳的占比约 20%，投资在深圳的资金超过 30 亿元。

那么，在深圳建设中国特色社会主义先行示范区的进程中，优秀创投机构应该如何进一步发展壮大？张维认为，近年来，私募股权机构丰富直接融资体系、服务实体经济创新发展的作用日益突出，而资金是机构服务企业的基础，如果允许私募股权机构上市，将进一步提高其支持创新创业的能力。

风险资本与科技创新的基因是内在契合的，其对于高科技企业的创新、新经济的发展有着极为重要的贡献。目前，全球大多数主要资本市场都已允许私募机构上市，全球挂牌上市的私募股权基金已经有数百家，包括黑石、贝莱德、KKR 等著名的私募机构，可见私募机构上市有例可循。近年来，中国资本市场制度的不断完善，也使得私募机构上市具备了可行性。

说到这里，张维的眸子里闪过一道亮光："新经济的发展需要与之相配套的新资本市场制度的支持。深圳是改革开放的前沿，是中国特色社会主义先行示范区，应该用好用足先行示范区立法权，大胆地先行先试，进一步与国际社会接轨，冲在资本市场制度改革的最前沿。"

企业家精神是带来百倍回报的根源

张维斩钉截铁地说："企业成功是存在标准答案的，第一，要有清晰的战略以及有足够的耐心和定力建立组织体系和研发体系；第二，唯有企业家精神，才是带来百倍回报的根源。"

一般人认为，企业家精神看似虚无缥缈，但在张维心目中，企业家精神并不是抽象的，而是具象的，具体表现在企业家的胸怀与抱负。他说，在股权结构设计上，有分享精神的人，更具有宽广的胸襟；在研发上坚持不懈地投入，这是企业家有远大抱负的体现。具有企业家精神的楷模，在国外，有乔布斯、埃隆·马斯克这样的代表，在国内，有任正非作为榜样。像华为这样，无论宏观经济如何、自己的营收怎么样，都苦心孤诣、心无旁骛搞研发的企业是中国企业的榜样，任正非个人只持有华为百分之一点几的股权，可见华为是齐创共享的。

在选择投资标的的时候，张维对企业家精神尤其看重。在他看来，投资人既要走进企业的客户价值链去看企业，更要从企业家精神和组织体系两个维度去理解企业。基石资本对山东六和的投资，就是基于这一判断因素。

"山东六和是饲料企业，初看起来是一家没有什么技术含量的企业，其实是因为创始人团队有理念，才在激烈竞争中做起来的。比如，他们愿意承担高额的成本去给养殖户做长期的免费培训。同时，他们只要有利润就降价，虽然说这有抢占市场的考量，但也有给养殖户让利的考虑。山东六和在商业模式上具有优势，密集布点、服务营销，可实现快速周转，大幅提高市场占有率。"张维认为，山东六和的三位创始人张唐之、张效成、黄炳亮身上，有一种为这个行业的发展贡献自身力量的抱负。另外，山东六和创始人具有长远眼光，在组织体系建设方面优势明显，早在2000年前后，就出资让几乎所有中层以上的管理人员接受了MBA教育，同时上马了ERP管理系统实现对企业的精细化管理，而当时其他农牧企业还处于粗放式经营状态。

张维坦言，他在张唐之等人身上看到的不唯利是图、对事业极致追求的企业家精神，也是他所推崇的德鲁克思想的反映，"用德鲁克的话来讲，利润不是你的目标，利润是一种结果"。

2003年，基石资本投资山东六和时，这家企业的收入为14亿元，到2011年时，山东六和收入已飙升至600亿元。2011年山东六和与新希望换股上市，基石资本当初的6700万元原始投资，也获得了超过20亿元的退出金额，约30倍收益。

因此，张维总结出企业家精神包括三个层面：一是奋力拼搏、不屈不挠；二是能够打破常规、颠覆自我、不断创新；三是有抱负和胸怀，其中抱负是指以事业为导向而不是以金钱为导向，胸怀则是把公司看作是分享的，而不是个人独有的。

张维对企业家精神重要性的阐述堪称金句："没有企业家精神持续牵引，企业成功不了；不能发育起现代化组织体系，企业做不大。"

【案例赏析 5】

创东方：坚持稳健投资的本土创投机构

深圳市创东方投资有限公司（以下简称创东方）成立于 2007 年 8 月，是一家专注中小型科创型企业股权投资的专业机构，先后获得国家部委、地方政府引导基金和其他机构投资人的认可和出资，累计管理的各类投资基金规模超过 200 亿元，累计投资项目超过 260 个，其中超过 1/3 的项目已通过 IPO、新三板、并购等方式退出。

创东方主要投资以底层技术创新或创新应用驱动的人工智能、大数据、生命健康、新制造、新材料等领域。创东方秉承"稳健投资，创新发展"的投资理念，利用"研究驱动，服务推动"的投资手段，践行"产链整合、协同投资"的投资策略，携手基金出资人和优秀创业者，共同推动和分享国家科技创新事业的快速发展。

创东方注重支持国家"双创"事业，布局天使投资，控股了投资型孵化器——创展谷，累计孵化了包括在 2016 年 10 月全国"双创周"活动中赢得李克强总理点赞的"声活"等优秀创新项目 100 余个。

"创投老将"的投资要诀

近 20 年来，我国创投行业快速发展，有少数优秀的本土创投公司经过市场的洗礼脱颖而出，它们穿越起起伏伏的经济周期，变得更强大、更富有生命力，创东方就是其中杰出的一员。

创东方自 2007 年成立至今，累计投资项目超过 260 个，其中超过 1/3 的项目已经成功通过 IPO、新三板、并购等方式退出。稳健的投资风格、优秀的投资业绩使创东方稳居国内知名创投机构行列。2020 年 6 月 10 日，在投中信息主办的"第 14 届中国投资年会·年度峰会"上，创东方获得了"2019 年度最佳中资创业投资机构 TOP20"荣誉，是近 10 年始终出现在投中集团中资机构排行前 20 名的少数机构之一。

作为创东方的掌舵人，肖水龙在投资理念和策略上不仅特色鲜明、富有个性，而且不乏创新举措。这位"创投老将"的投资要诀究竟是什么呢？

投资就是投人

创东方投资要诀第一条就是看准一个团队。肖水龙常常在公司里说："谋事在人，成事亦在人。"投资就是投人，投资就是投团队，尤其是要看准目标企业的领头人。肖水龙眼中好团队的标准就是富有激情、和善诚信、专业敬业、善于学习。

深圳市慧择保险经纪有限公司于 2020 年 2 月在美国纳斯达克上市，

有报道称，这是抢占了健康险创新赛道的制高点。获得创东方两次投资的慧择保险领军人物马存军和他的创业团队，就完全符合创东方选人的标准。

肖水龙介绍，马存军曾经在平安、华安财产保险等公司工作多年，熟悉保险业务，而且经过多次创业，属于理想型的"全才"，在管理、营销、经营、产品设计等方面均有突出的才能，他领导的团队管理有章法、守信用重合同，以良好的品德管理经营，因此是非常难得的投资对象。

长期以来，我国保险行业经营形态十分落后，随着国内经济的发展和居民收入逐渐提高，保险业将会进入高速增长时期。由于判断互联网保险行业将会是一个火热赛道，马存军于 2006 年创办慧择，掘金互联网保险。慧择希望借助互联网的技术和平台优势，让购买保险变得简单便捷，让消费者获得优质、专业的服务，"让消费者购买保险像买矿泉水一样简单"。

图 5-19　2020 年 2 月 12 日，慧择保险成功登陆美国纳斯达克，股票代码 HUIZ

　　回忆投资慧择的过程，肖水龙说道："2016 年 3 月，我们参与了慧择 B 轮投资，当时创东方与其他机构一起给慧择投资 2 亿元，没承想不到半年时间，慧择就把钱用光了。马存军用巨资升级打造出一个更强大的 IT 平台系统，而且企业还从盈利变成了亏损状态，这个时候还会有人再给他注资吗？我们决定再参与 B+ 轮投资 3000 万元，以缓解企业资金紧张困局。为什么这样做？就是因为我们坚信马存军这个人和他的优秀团队，相信他们对行业机会的判断是准确的，也相信他们升级系统是为了迎来更大规模的发展机会。事实证明，我们的做法是正确的，他们后来确实迎来更高速的增长，2019 年盈利过亿元，2020 年年初登陆纳斯达克。我们相信，慧择保险的后续发展空间会更大、发展前景会更好。"

　　投前看得准，投后帮得深。尽管看人难，看准人更难，创东方仍坚持挖空心思看人，从面对面接触，再到从侧面了解，全方位考察企业创始人素质。为了避免掉进"人为"的陷阱以至于看错团队，肖水龙强调看人的时候要做一个消极者，带着怀疑和挑剔的眼光，小心谨慎地做出判断。他曾经说过："在投资之前，创投机构应该是热情的欣赏者和积极的怀疑者，投资后则应该是真诚的鼓励者和有力的支持者。"

　　经过 10 多年的摸爬滚打，肖水龙对创业者们更加尊重："在创业大潮中，创业者和投资人是当之无愧的两大主角，没有'一号'和'二号'之别。非常荣幸的是，创东方成为连接这两大主角的纽带，用专业知识为他们服务，跟创业精英们合作共事，一起为国家创新、产业升级做点事情，并由此以优秀的基金业绩回报给我们的投资人。"

优中选优的投资法则

　　2019 年，中国品牌极米科技（XGIMI）以 67.6 万台的出货量，占据了中国投影市场 15% 的份额，连续两年稳居中国投影市场全年总出货量第一位。极米发展的背后也离不开包括创东方在内的创投机构的有力助推，而当初创东方选择投资极米就是遵循了"优中选优"的投资法则。

所谓"优中选优"，就是在优势行业中发掘优势企业。优势行业是指具有广阔发展前景、国家政策支持、市场发展空间巨大的行业；优势企业是指在优势行业中具有核心竞争力、细分行业排名靠前的优秀企业。

2013 年极米正式成立，2014 年极米进入成都高新区天府软件园。作为智能投影的创业公司，极米率先提出了"无屏电视"的产品概念。创东方于 2014 年对极米科技进行了 A 轮投资，并持续追加投资。

主持极米项目投资的创东方管理合伙人肖珂介绍说："我们对智能投影这个新品类非常看好，当时行业里有好几家同类型的企业，但极米在这个优势行业中处于相对领先的地位，包括在图像优化算法等方面拥有突出的竞争力，而且在基于粉丝的互联网营销方面取得了良好的效果，属于该细分行业的优秀企业。极米进行 B 轮融资的时候，为了配合引入芒果传媒作为战略资源，创东方忍痛割爱出让了一部分股份，等到 C 轮和 D 轮的时候，创东方基于看好公司发展也为了支持企业发展，在极米较高估值的时候又果断继

图 5-20   创东方管理合伙人肖珂

续追加投资，包括按市场价（而没有因为老股打折）受让团队持股平台的股权，帮助团队做少量变现，让企业在吸纳人才时有了更大的说服力。"

2018 年，极米一举打破了由国外品牌垄断中国投影机市场 15 年的局面，不仅在易用性、画质上带来了许多新技术、新功能，更逐渐释放出了其上游产业链的研发能力。在资本的助力下，极米通过开创和引领一个新的消费电子品类——无屏电视，短短 6 年时间里就成长为具有较高社会认知度的产品类"独角兽"，是中国"智造"的新型代表。

透视企业未来的"钱程"

创投机构要有一个本事，就是能够了解被投企业如何挣钱，也就是知道该企业是否具有良好的盈利模式。

肖水龙坦言，创投机构接触最多的是初创型公司，大多数还处于微利甚至亏损状态，这些企业未来是否具有广大"钱程"，是否能将盈利模式快速复制并实现高速增长，这是创投机构必须准确做出判断的地方。如何透过企业的表象，从公司现状清楚地看到企业的未来盈利能力呢？一个简单的方法就是将盈利模式分解开来，即从业务模式、盈利模式、营销模式三个方面分别来考量。

肖水龙团队最初接触到江西佳时特数控技术有限公司的时候，这家公司刚完成新厂区的建设和公司的迁址，主营数控精密零件加工、高端数控机床研发及制造，以及提供自动化解决方案的服务。佳时特拥有国际航空航天质量体系认证，以及 56 项国家专利，其中发明专利 5 项。当时的佳时特虽然业务规模不大，但是在军品加工和自动化生产线等业务上表现出超强的技术实力，并正致力于 5 轴多功能数控机床的研发。由于企业前期投入大，企业的经营状况还未体现出优势，财务报表没有显示足够的盈利能力，财务数据缺乏吸引力。"我们深入研究发现，中国数控机床技术普遍很落后，而佳时特正在研发的机床直接定位国际领先的技术水准，这样的项目需要很长时间的沉淀和积累，但是一旦成功，不仅具有很高的社会价值，而且具有很高的经济价值。在看清楚企业的'钱程'之后，我们大胆地投资他们，作为 A 轮的唯一一家投资机构，一次性注资 5000 万元。"

获得创东方的注资后，佳时特在继续开展原有业务的基础上，在高精度数控机床的研发上投入了主要精力。通过全球范围内率先在数控机床上应用直线电机技术，佳时特在高精度数控机床上取得了巨大的成功。经第三方检测机构检测，佳时特数控机床的全程精度处于全球领先水平，而价格却只有国外机床的 1/3。经过 5 年的蛰伏，佳时特终于在 2019 年实现了盈利，2020 年盈利增速明显，并计划于 2021 年年底登陆资本市场。

不忘初心的"创投老将"

"创业修行成长路，投资精进功德心。"这是肖水龙作的一副对联，也是他用来自勉的警句。他喜欢把感悟写成对联、短文，甚至是歌词，分享给创业者们。肖水龙从事投资近 30 年，是中国创投委 2014 年度"卓越投资家"（金奖）获得者，至今主持投资案例逾 100 个，其中包括网宿科技、东方财富、维尔利、康芝药业、江西华伍等 20 多家上市企业。这位喜欢思考和总结的"创投老将"，又是如何炼成的呢？

1988 年，肖水龙从上海同济大学硕士毕业南下广东，在深圳国际信托投资公司（以下简称深国投，现为华润信托）开始职业生涯，曾任信托地产副总经理，参与创立深国投商用置业公司并任董事；曾主持沃尔玛进入中国并任沃尔玛深国投百货公司董事；曾任国信证券董事、上市公司深信泰丰董事长、长园集团副董事长。1999 年，他赢得了一次去美国进修的机会，在纽约城市大学接触到创业投资。那段时间的学习和见闻，使他对中国的创投业充满了信心。

回到深圳后，他开始探索创业投资。曾经引发市场关注的沃尔玛深国投、深国投地产、深国投置业、长园新材、深信泰丰等案例，背后均有肖水龙的身影。肖水龙说："我当时主导了深国投投资长园新材的项目，那次投资成功给了我巨大的信心，当年投资 4000 万元，两年内分红了 2000 万元，第三年长园新材上市了，深国投在那次投资中收益超过 25 亿元，这说明创业投资既能

图 5-21　创东方董事长、创始合伙人肖水龙

够帮助企业发展，还能赚到钱，这是双赢的好事情啊！"

2007 年 8 月，肖水龙离开国企自立门户，在深圳创办了创东方，专门做起了支持科创型企业的股权投资业务——创业投资。当时，《中华人民共和国合伙企业法》正式实施，深交所设立中小板已经有三年时间。两年后，2009 年 10 月 30 日，中国又推出创业板。随着与退出相关的制度环境逐渐完善，人民币基金业务在中国兴起。创东方投资网宿科技一年后，网宿科技顺利登陆深交所创业板（第一批 20 家上市企业之一）。网宿科技是创东方投资企业中第一家上市的企业。2008 年至 2011 年，创办才三年多的创东方连续三年获评"深圳十佳投资机构"。

肖水龙把创东方的发展历程分成两个阶段。2015年之前，是基于模式创新项目和传统产业投资为主，因此对互联网、消费类项目投入比较多；2015年以后，创东方主要是基于自主创新逻辑的科创投资，强调技术的领先性和团队的学习能力、整合能力。

创东方2015年进行了一次再聚焦，把创东方的所有资源和精力都向科技领域倾斜，投资中国自主创新的项目。在创东方内部，优质的"硬科技"项目必须满足四个条件：一是颠覆性创新的技术和产品，也就是市场上没有同等技术的产品，或者它的性价比实现了突破；二是技术上能够达到国内外领先，而不是拿着国外的技术在中国做产品；三是产品能够替代进口；四是可以填补某个市场的空白。

创东方坚持"稳健投资，创新发展"的基本理念，严格践行"专向化、研究型、协同投、重体系"的投资策略。专向化，即每个合伙人及项目经理都有自己的主导投资方向，力争成为该行业投资领域的领军人物。研究型，即研究驱动，在投资策略和主投方向上开展深入研究，没有研究

图5-22　2017年，创东方十周年司庆

就没有投资权。协同投，即践行协同投资模式，通过项目与项目之间、项目与资源方之间等业务协同和资本协同，实现集约和高效投资，从而控制投资风险、提高投资收益。重体系，即深度整合创新和创业所需的各类资源，特别是围绕科技创新所需的产学研资源进行有效组织，形成能够服务于目标企业的体系化资源，并基于这些资源设计基金产品，开展基金投资，落地投资服务，推进项目退出。

"富有理想，挥洒激情，我们都是创投人。担当 GP，尽责尽心，不负 LP 的信任。发现价值，透视前景，关注项目成长性……"这样一曲旋律优美的《创投之歌》，就出自肖水龙之手。他把当初加入创投队列的初心写进了歌词，充满了激情和梦想。

10 多年来，创东方团队不忘初心，砥砺前行，用务实拼搏的态度写就了一份耀眼的成绩单：13 年来，创东方累计投资了 260 多个项目，截至 2020 年 6 月，在电子信息领域（包括大数据、人工智能、云计算、网络安全、金融科技等行业）投资项目占比 48.2%，新制造领域投资项目占比 28.1%；新材料领域投资项目占比 12%；大健康领域投资项目占比 8%。通过 IPO、并购方式上市，或参与上市公司定增投资的项目近 40 个。

深爱着深圳这块创投热土

2020 年 6 月，证监会发布《创业板首次公开发行股票注册管理办法（试行）》等相关制度，深圳创业板从 6 月 15 日起接受上市申请，这一重大改革令肖水龙非常振奋。

肖水龙表示，创业板推出注册制改革，不仅提高了审核效率，减轻了企业负担，还放宽了对未盈利企业申报的条件，改革将公开发行股票回归到助力企业发展的本质上来，更关注创新企业的自身业务、内部治理及其核心竞争力，为高科技企业的上市募资提供更有效的通道。

　　"深圳从 1999 年举办高交会开始，就把推动科技产业发展放在很重要的位置，出台了很多扶持高科技产业发展的政策，之后中小企业板、创业板先后在深圳开通，让深圳高科技企业近水楼台先得月。截至 2020 年 6 月，深圳本地 A 股上市公司数量累计达到 308 家，这些优秀企业为深圳经济发展提供强大的支撑。优良的营商环境吸引了大量企业在深圳落地生根，深圳由此形成了一个个高度聚集的产业群。在深圳上市企业军团背后，离不开创投机构的支持，深圳也出台了各种政策来培育优秀的创投机构。"肖水龙对深圳的各项科创政策如数家珍，深圳市财政委、科创委、发改委、工信委、中小企业局、科技金融中心通过设立政府引导基金等形式对创投机构和创业企业给予了配套支持，当前还在进一步细化促进创投持续发展的各项政策。

　　科技创新和创业投资是一个国家或一座城市发展的原动力。在开始采访肖水龙的时候，他曾说："你知道美国强大的秘密在哪里吗？答案是科技创新和创业投资。其实，深圳保持 40 年快速发展的经验也在于科技创新和创业投资。我们很感恩国家改革开放所带来的巨大发展机会，也感恩深圳这座科技创新之都带来持续的投资机会。深圳，有望成为硅谷科创和纽约金融的叠加体。"肖水龙表示，深圳创投行业在全国位居前列，但整体发展水平与美国、以色列等发达国家仍存在一定差距，表现在长期资本供给不足、高端投资管理人才存在缺口、退出渠道仍然比较狭窄、基金税收政策待优化等。

　　展望未来，他的语气十分乐观："粤港澳大湾区的建设如火如荼，科技产业发展欣欣向荣，这为创投机构提供了更广阔的市场机会，创业投资的发展势不可当。虽然做创投有时是孤独的，但我们拥有一支优秀的团队，一套稳健成熟的投资理念，而且随着科创板的开通，科创型项目退出渠道拓宽，在我们的助力下成功上市的企业案例会越来越多，我对创投行业未来的发展充满信心，我对创东方未来的发展充满信心！"

同助科创，共享成长

2020 年 5 月 18 日，湖南金博碳素股份有限公司登陆上交所科创板，成为沪深两市民用碳／碳复合材料第一股。这家从事新材料研发的科技型企业在资本市场上迎来高光时刻，而一早就天使投资并帮助金博股份走向成功的创投机构创东方，因此也可收获最高达近百倍的投资回报。创东方董事长肖水龙始终坚持一个信念，就是"同助科创，共享成长"，创东方作为创投机构，与企业、政府、社会一起铸就科创事业的辉煌，共同分享企业成长、行业成长、社会经济增长的甜蜜果实。

肖水龙以金博股份为例，介绍了投资该企业获得的共享成长的喜悦。金博股份主要从事先进碳基复合材料及产品的研发、生产和销售，是湖南益阳高新区一家具有自主研发和持续创新能力的国家火炬计划重点高新技术企业，成立之初才十几个人，而且还有一部分是兼职的大学老师。公司刚推出的第一批产品并没有获得市场认可，创东方却慧眼识珠，在金博股份创立初期就给予其宝贵的注资。据创东方管理合伙人金昂生介绍，金博股份自主研发的碳／碳复合材料是航空航天、冶金、新能源等领域的重要基础材料，可用于太阳能光伏产业中必不可少的单晶炉、多晶炉等设备生产。2008 年受全球金融风暴冲击，金博股份经营遭遇困难，创东方再次追加投资，使金博股份顺利开发出多款新产品，保持了良好的发展势头。如今，金博股份拥有国内外专利授权 65 项，独家或以第一起草单位身份牵头制定 5 项国家行业标准，拥有"碳／碳复合材料低成本制备技术湖南省工程研究中心"和"湖南省热场复合材料制备工程技术研究中心"两个创新平台，是入选工信部第一批专精特新"小巨人"名单的先进碳基复合材料制造企业，2016 年被评为"国家知识产权优势企业"。

"金博股份自主研制的碳／碳复合材料不仅能替代单晶炉、多晶炉使用的传统石墨材料，同时还可以超越石墨性能，降低污染和能耗，实现节能减排，这符合我们社会发展的需要，具有巨大的社会意义。"肖水龙强调，"这家从大学里走出来的企业，走到上市这一天经历了 15 年漫长的岁月，他们需要解决技术落地、产品迭代、市场推广等问题，我们除了给他们资金，还要帮助他们寻找市场的发力点，制定企业战略规划、优化组织架构等。金博股份的创业团队及参股机构的投资团队经过 10 多年的艰苦努力才使企业登陆科创板。这个过程就是一个同创、共享的过程。"

由此可见，"硬科技"项目是一个慢工出细活的过程。创业投资牵手

图 5-23　2020 年 5 月 18 日，金博股份上市

图 5-24 创东方管理部总经理关晓杰、金博股份董事长廖寄乔、创东方管理合伙人肖珂

"硬科技",不仅仅是投入资金,而且要用长期积累的经验、知识、营销、资源帮助目标企业,实现更好更快地发展和改制上市,为目标企业提供增值服务。所以说创投不仅仅是提供资金,最大的价值在于"投后帮得深",在于提供增值服务,为目标企业赋能。

肖水龙直言创东方投资金博股份能登陆科创板,是赶上了千载难逢的好时机,因为科创板的开通,承载了中央对"资本市场支持创新创业和技术进步"的殷切期盼,是金融服务实体、金融服务科技创新的有效实践,是"中国纳斯达克之梦"的新载体。上交所科创板的设立和深交所创业板的改革，对于中小科创企业来说，无疑是提供了全新的直接融资支持通道，加快上市进程，从而吸引大量新经济企业进入。对于资本市场来说，科创板为股权投资机构提供了全新的退出渠道，这会让投资周期缩短、投资阶段适度前移，科创板重新点燃了资本市场的活力，可以说是中国股权投资史上划时代的时刻。未来，科创板和创业板将与股权投资相辅相成，以星星之火燎动资本市场浪潮。

肖水龙表示，当前我国经济正处于高速增长转向高质量发展的阶段，劳动力、土地、资源要素供给关系趋紧，创投必当有所作为，要建立更为高效的生态环境，充分发挥创业投资对创业创新的孵化器和资本引擎的作用。党和政府十分重视"三创事业"——创新、创业、创投，创东方持续协同国家创新发展战略，利用"研究驱动，服务推动"的投资手段，践行"产链整合、协同投资"的投资策略，携手基金出资人和优秀创业者，共同推动和分享国家科技创新事业的快速发展，为我国的国际科技协作及国际科技竞争提供有力的支持。

【案例赏析 6】

深圳高新投：全国性创新型金融服务集团

深圳市高新投集团有限公司（以下简称深圳高新投）成立于 1994 年 12 月，是 20 世纪 90 年代初深圳市委、市政府为解决中小科技企业融资难问题而设立的专业金融服务机构，现已发展成为具备资本市场主体信用 AAA 最高评级的全国性创新型金融服务集团。截至 2020 年 10 月，集团实收资本达 138 亿元，净资产超 220 亿元，总资产近 340 亿元。

图 5-25 1995 年 1 月 13 日，深圳高新投成立新闻发布会

深圳高新投股东为深圳市投资控股有限公司、深圳市平稳发展投资有限公司、深圳远致富海三号投资企业（有限合伙）、深圳市财政金融服务中心、深圳市资本运营集团有限公司、恒大企业集团有限公司、深圳市海能达投资有限公司、深圳市中小企业服务局。

作为国内最早成立的担保投资机构之一，深圳高新投始终以解决中小科技型企业融资难题、助力高新技术产业发展为使命，为企业提供自初创期到成熟期的全方位投融资服务，核心业务包括融资担保、创业投资、金融增信、保证担保、小额贷款、典当贷款、商业保理等。

发展之道

打造中国政策性担保行业标杆

截至 2020 年 9 月，深圳高新投累计为超 36000 家企业提供近 7000 亿元担保服务，担保资金新增产值约 12000 亿元，新增利税超 2400 亿元，促进新增就业 730 万人．相继扶持超 300 家境内外公开挂牌上市企业，被媒体称作资本市场的"高新投系"。

26 年来，深圳高新投专注服务科技型中小企业，与政府产业政策同频共振，锐意进取，成功实现了从小到大、从大到强的蜕变，为我国担保行业的发展贡献了经典样本。深圳高新投之所以成功，得益于其战略决策与深圳产业升级进程的紧密互动，用"政策性定位市场化运作"的经营理念，有力诠释了"党和政府政策落地抓手与杠杆放大工具"的重要角色。

在深圳高新投的持续帮扶下，很多小微企业从当初的默默无闻，成长为资本市场上的璀璨明星，"幕后英雄"究竟有何制胜秘诀呢？

科技巨头背后的"幕后英雄"

在深圳高科技产业群体中，赫赫有名的华为、比亚迪、大族激光、海能达、沃尔核材等，这些巨头的背后都有一个共同的"幕后英雄"，那就是深圳高新投。

在深圳高新投的发展史上，有两个流传甚广的故事：一是 1.6 亿元担保贷款投向比亚迪，让比亚迪成长为闻名全球的科技企业；二是投资大族激光，深圳高新投首创"投保联动"，投资收益高达 777 倍，成为中国创业投资史上的经典案例。

比亚迪今日的辉煌与深圳高新投早期的扶持息息相关。深圳市比亚迪实业有限公司是 1995 年成立的民营科技企业，主要从事镍氢、镍镉和锂电池的研究、开发和生产，属市政府鼓励优先发展的新材料、新能源行业。1996 年开始，深圳高新投每年为比亚迪提供融资担保 200 万元。1998 年，比亚迪向深圳高新投提出 900 万元三年期贷款担保的申请，贷款资金用于镍氢、镍镉电池的流动资金和锂离子电池的研发。通过对企业

图 5-26 资本市场的"高新投系"

深入细致的考查，深圳高新投了解到比亚迪成立三年来发展迅速，产品市场份额不断扩大，正处于快速成长期。尽管当时企业资产数量较小，产品比较单一，但产品市场前景较好。

为了保证比亚迪后续产品锂离子电池开发和正常经营所需的资金，深圳高新投决定为比亚迪提供三年期 900 万元贷款担保，正是这笔资金让比亚迪获得了突飞猛进的发展，1999 年比亚迪销售收入达 4 亿元，利润5000 万元，分别是 1997 年的 2.7 倍和 2 倍，一跃成为国内规模最大的电池生产企业，并跻身世界电池生产企业前六强。

由于规模迅速扩大，比亚迪公司原有的生产场地和设施已无法满足需要，逐渐成为制约自身发展的新瓶颈。比亚迪计划兴建占地 40 万亩的科技工业园，并于 2000 年年初向深圳高新投提出 7000 万元五年期贷款担保的申请，这也是深圳高新投成立以来受理的单笔最大额度担保申请。

图 5-27 1995 年 6 月 6 日，深圳高新投首批客户签约仪式

深圳高新投认真分析比亚迪的现状，考虑到工业园建成后，比亚迪的年产值可以达到 11.5 亿元，整体经济实力和竞争能力将上一个新的台阶；此外，比亚迪已在锂离子电池生产技术上取得了突破，打破了日本在该产品上的垄断，公司具有长远发展的技术和市场保证，深圳高新投再次为比亚迪担保。深圳高新投两次雪中送炭，把比亚迪直接送到了香港交易所。2002 年 7 月 31 日，比亚迪公司在香港交易所正式挂牌上市。2003 年，比亚迪充电电池日产量达 300 万粒，锂离子、镍镉、镍氢电池销售量分别居全球第三、第一、第二位，年产值达 40 多亿元，净利润近 10 亿元，每年纳税 3 亿元左右，成为深圳民营企业的典型代表。如今，比亚迪已经成为全球知名的新能源汽车企业，成为深圳创新力量的杰出代表。

如果说深圳高新投给比亚迪的担保贷款还属于传统担保业务，那么，深圳高新投投资大族激光，则是属于"第一个吃螃蟹者"，因为深圳高新投在业界首创"投保联动"模式，深圳高新投也因此名扬四海。

1999 年，创业投资在中国刚刚起步，深圳高新投是全国为数不多的风险投资机构之一。投资大族激光，深圳高新投首创"投保联动"，出资 438 万元在大族激光占股 51%。大族激光上市前后，深圳高新投累计为其提供了 9700 万元的纯信用担保资金。2004 年，大族激光成为登陆中小板的第一批上市企业之一，高新投也获得了 777 倍投资回报。该案例是本土风投机构在国内资本市场退出的第一个成功案例，也是中国创业投资史上的经典案例。如今，大族激光已成为全球知名的激光加工设备生产商，2018 年营业额破 110 亿元，净利润超 17 亿元。

搭起"银企金桥"破解融资难

海能达最早在华强北做对讲机分销渠道，后来转型为自主研发对讲机，由于研发投入大，海能达对资金的需求激增。但由于当时企业规模不大，而且市场上抵押物资产价格波动大，银行并不愿意给海能达贷款。在这个节骨眼上，正是因为有了深圳高新投提供融资担保，海能达才能成功从银行贷款，顺利实现了产品和业务的转型升级。

回忆起这段融资历史，海能达董事长陈清州仍然满怀感激："海能达创业起步阶段资金紧张，贷款十分不易，国有担保公司深圳高新投为我们提供融资担保，这是雪中送炭之举，直到帮助我们企业成功上市。"

深圳高新投集团党委书记、董事长刘苏华介绍道："我们采用免抵押、免质押的纯信用贷款担保方式，帮助有前景的优秀企业解决'首贷难'的问题。很多企业的首贷都是通过我们实现的，深圳高新投把他们带入了信贷市场。有了资本的助力，企业才能加速发展。"

发达国家的经验表明，运用担保的经济杠杆和导向作用，有效配置社会资源，是推动产业转型升级的有力工具。通过担保杠杆，引导社会资金，有助于加大对先进制造业、高科技产业和优势产业的扶持。作为全国融资担保行业的先行者之一，成立之初，深圳高新投就在担保业务上展开了积极探索。

科技型中小企业普遍存在"轻资产、新技术、高风险"的特点，但其中也不乏有市场、有竞争力的优秀企业，通常手上握着好技术却找不到发展的资金，很容易贻误发展良机。为了解决这个痛点，深圳高新投改变传统金融机构依赖抵押物的观念，凭借风险识别能力，为具有良好发展前景的中小微高科技企业提供免抵押、免质押的纯信用贷款担保。截至2020年10月，深圳高新投的总担保额中超过70%为纯信用担保，并正努力将这一比例提升到80%以上。

针对深圳中小微科技型企业"新技术、轻资产"的现实情况，深圳高新投不断创新推出差异化服务品种，比如，"科创贷"和"知本贷"产品。"科创贷"为科技企业直接降低现有贷款担保费的25%，企业可享受低至每年1.5%的优惠费率。"知本贷"使得企业能够以合法拥有的自主知识产权（专利权、商标权、著作权中的财产权）为质押物，经评估后由深圳高新投提供担保向银行申请贷款。通过"知识变资本"，不仅提高中小微科技型企业贷款成功率，而且符合条件的企业还可以获得贷款金额3%至5%的补贴。截至2020年6月，深圳高新投旗下的融资担保公司已为609个知识产权质押项目提供了总计35.25亿元的资金服务。

深圳高新投通过持续创新，搭起一座座"银企金桥"，有力地破解中小企业融资难的问题。深圳高新投所支持的华为、比亚迪、创维、海能达等已经成为国内乃至国际知名企业，沃尔核材、兴森科技、东江环保等高科技企业也已成为行业内领军企业。

26年来，深圳高新投不断创新金融服务产品，为企业发展助力，也为自身赢来不少荣誉。在2019年深圳金融峰会暨第一届信用科技论坛评比中，深圳高新投从近200家金融机构中脱颖而出，一举揽获"深圳金融支持实体经济杰出贡献企业""深圳金融支持实体经济创新项目"两大奖项。同时，深圳高新投也多次获评"投中年度最佳创投机构""金鹰奖年度最佳VC机构"等奖项。

以市场化运作高效实现政策性定位

2020年3月25日，由深圳高新投发起的"南山区—中山证券—高新投知识产权1期资产支持计划（疫情防控）"正式成立。这是深圳首单疫情防控专项知识产权证券化项目，也是南山区首单知识产权ABS（即资产证券化）产品。

刘苏华介绍，深圳高新投以"知识变现"为切入点，第一时间推出了针对创新型企业的知识产权资产证券化项目，对于推动南山区乃至全国创新型企业发展自主知识产权、拓宽融资渠道、加快复工复产具有重要意义。

业内评价该项目的成功发行，标志着知识产权作为创新资产成功募集资金，助力高新技术企业抗击疫情。"以创新驱动创新，用知识产权抗击疫情"，在资本市场上具有重要的创新意义和引导价值。

润贝化工是"南山区—中山证券—高新投知识产权资产支持计划"中的首批受惠企业之一。2019年年底，润贝化工获得1000万元融资，2020年3月获得1500万元融资，知识产权证券化获得的"活血"，在疫情期间让润贝化工如遇甘霖。

由此可见，深圳高新投以市场化运作高效实现政策性定位，成为政府政策落地抓手与杠杆放大工具的重要角色。伴随着深圳市政府提出大力发展战略性新兴产业，作为科技创新的"赋能者"，深圳高新投主动调整业务方向，战略聚焦科技型企业，利用创业投资、债券增信等多种业务组合，将自身的担保信用资源、金融机构的信贷资源、创投机构的直接投资以及企业的市场资源与创新能力等进行多方位整合，以全生命周期服务帮助企业克服发展过程中的各种难题，推动科技创新型企业从经济发展的生力军成长为主力军。

数据显示，深圳高新投战略新兴产业担保金额在银行融资担保业务中占比超过80%，服务高新技术企业占比接近80%，累计为609个知识产权质押项目提供了总计35.25亿元的资金服务，为深圳加快培育经济发展新动能做出重大贡献。

2018年，受国内外经济环境影响，资本市场出现了明显波动和下滑，部分优质民营上市公司及其实际控制人出现股票质押流动性风险，"股债双杀"，求救无门。在民营企业融资条件出现恶性下滑的背景下，深圳高新投勇于担当和创新，面对极大风险压力，在全国率先探索出"固定收益＋后端分成"的市场化解决方案，将众多深圳上市公司从"死亡线"上挽救回来，蹚出了一条"多方共赢"的路子。该创新方案获深圳市委、市政府高度认可，并据此形成"纾困共济深圳模式"，被全国各地纷纷效仿，受到各方赞誉。

　　同年9月，由深圳高新投提供担保增信的全国首单民营企业PPP（Public-Private Partnership，即政府和社会资本合作，是公共基础设施中的一种项目运作模式）项目专项债券"18美尚专项债01"成功发行，改变了以往PPP项目社会资本方主要依靠银行贷款等间接融资方式的融资格局，为民企融资难题提供了全新的解决方案，也为PPP项目探索了一条

图5-28　2019年12月26日，"平安证券—高新投知识产权1号资产支持专项计划"在深交所挂牌

新的融资渠道。

2018 年 12 月 2 日，深圳出台《关于以更大力度支持民营经济发展的若干措施》。一周后，由深圳高新投提供增信支持的怡亚通 10 亿元债券成功发行。在债券市场低迷的情况下，怡亚通债券反而受到市场追捧，不仅让企业以较低成本缓解了融资难题，也展现出市场对深圳高新投担保的高度认可。

2019 年，面对国际复杂环境，作为国家电子信息产业重镇和首批 5G 试点城市，深圳部分相关产业企业面临前所未有的压力。深圳高新投率先积极搭建平台，推出全国首个"5G 贷"，全力助推深圳 5G 产业实现高质量发展。

这一年，深圳高新投又创新研发工程担保"线上保函系统"，在国内金融系统内首创银担企全流程线上审批，有效降低交易成本。

值得一提的是，同年 12 月 26 日，深圳高新投发行的"平安证券—高新投知识产权 1 号资产支持专项计划"在深交所正式挂牌。这是中国特色

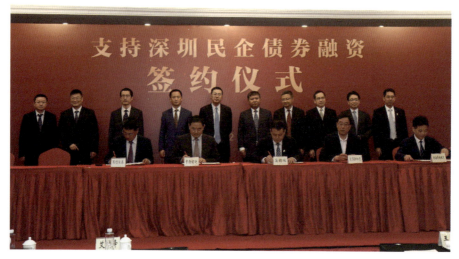

图 5-29　2019 年 2 月 28 日，支持深圳民企债券融资签约仪式在五洲宾馆举行

社会主义先行示范区首单知识产权证券化项目，也是全国首单以小额贷款为基础资产类型的知识产权 ABS 产品，标志着深圳构建起知识产权证券化先行示范的"深圳模式"。深圳高新投再开时代之先河，以敢闯敢试、敢为天下先的"拓荒牛精神"，有力地诠释了国有企业的使命和担当。

在深圳新增 1000 亿元以上民企债券工作中，深圳高新投敢为人先、率先发力。2019 年 2 月，牵头联合中债信用增进公司、交通银行深圳分行、华润银行等多家全国性金融机构达成战略合作协议，充分发挥深圳 100 亿元发债增信资金的杠杆撬动作用，计划为 100 家以上深圳民企提供 500 亿元以上债券融资支持，构建民企发债全链条服务体系。

加强联动打造政企银担合作新标杆

2019 年 8 月，深圳高新投与深圳市罗湖区共同举行罗湖引导基金公司战略投资高新投融资担保公司签约仪式，深圳高新投正式落户罗湖区。

根据合作协议，罗湖引导基金公司和深圳高新投携手合作，分别出

图 5-30　2019 年 8 月 21 日，罗湖区增资高新投融资公司签约仪式

资 20 亿元和 18 亿元战略增资高新投融资担保公司。此次增资到位后，融资担保公司将迎来跨越式大发展，净资产将增加到 50 亿元以上，资本实力跃居国内同行业前列，担保服务能力显著增强，金融服务实体经济的杠杆撬动作用显著提升。这也标志着罗湖区与深圳高新投在金融领域的互利合作迈上一个新的台阶。深圳高新投将充分发挥品牌、资源、管理等方面的综合优势，零距离、全方位服务好罗湖区科技创新、产业升级和城市建设，抢抓深圳建设中国特色社会主义先行示范区重大历史机遇，与罗湖区携手打造区企合作新标杆，共同为罗湖区"逐梦粤港澳大湾区"，实现新的腾飞振兴注入强大动能。

这只是深圳高新投与区级政府合作的缩影。近年来，深圳高新投主动与深圳市科创委、经信委开展合作，积极促进政府财政资金与中小微企业需求对接，帮助中小微企业获得免息免保的无息财政资金贷款；与深圳区级政府机构合作推出科技金融贷款贴息、小微企业集合贷、知识产权质押贷款担保贴息等贴息、贴保项目合作，帮助企业降低综合融资成本至 3%—5%，远低于传统金融机构的融资成本。

在原有"五委六区"的服务基础上，深圳高新投近年来不断深化深圳市政府、区政府、企业、银行的业务合作，通过多种创新合作方式，充分发挥财政资金的引导和放大作用。比如，相继与宝安区签署了三年期的知识产权质押贷款担保贴息合作协议、与盐田区签署了两年期贷款担保贴息合作协议，并新增与罗湖区、坪山区、光明区合作，组成了"五委（局）九区"的政策性融资担保网络。

布局全国，发展成担保行业的龙头

深圳高新投积极培育中小微科技型企业成长，多次荣获主流媒体和评选机构"年度最佳服务实体经济综合大奖""年度最佳 VC 机构""最佳品牌创投机构""年度创业投资社会贡献奖""履行社会责任杰出企业"等称号，是全国同行业最具知名度和品牌影响力的金融服务机构之一。

服务实体经济，支持高新技术企业发展，深圳高新投持续耕耘 26 年，支持和推动了一大批创新型企业的快速成长。截至 2020 年 10 月，深圳高新投已构建全国市场化布局：在北京、成都、西安、杭州、长沙、广州、东莞设有 7 家分公司；在重庆、昆明、上海、南京、武汉、长春、合肥、太原、厦门等地设有 25 个办事处，以进一步提升中小微企业服务的深度和广度，不断为高新技术产业发展注入金融源头活水。

让深圳高新投人倍感自豪的是，深圳高新投不仅一直奋战在"金融服务实体经济"的最前线，也持续用实际行动，为社会公益事业贡献力量。守护"天蓝、地绿、山青、水净"的美丽中国，深圳高新投贡献的是自己独特的绿色金融力量。

早在 2002 年，深圳高新投已经开始涉足绿色金融服务领域。多年来，深圳高新投积极响应国家绿色金融政策导向，重点支持节能环保、治理污染、新能源等战略性新兴行业，以及先进制造业、信息技术产业等具有低碳环保特征的行业，同时在业务审批、信贷资源、产品创

图 5-31　深圳高新投董事长刘苏华

新等方面给予优先支持。

深圳高新投还支持绿色环保企业发行绿色企业债券，不断拓宽绿色产业项目融资渠道。2017 年 9 月，由深圳高新投增信的西北地区首只绿色公司债券"17 蒙草 G1"成功发行，为西北地区草原生态修复提供了有力的金融支持。截至 2020 年 7 月底，深圳高新投累计为节能环保、绿色生态等类型的 775 家企业、932 个项目提供金额 84.87 亿元的担保资金服务。

比起锦上添花，深圳高新投更愿意雪中送炭。带着这样一种社会责任理念，深圳高新投人为社会弱势群体撑起了一片爱的蓝天。仁爱康复服务中心等自闭症儿童关爱机构，一次次迎来深圳高新投的志愿者。在台风过后的城市街头，在烈日下清洁工歇脚的驿站，在贵州山区的深投希望小学，在广东河源贫困山村困难学生的家中，到处都有深圳高新投人的爱心印迹。

刘苏华表示，深圳高新投未来将致力于打造国内领先的以信用增进与资产管理双轮驱动的创新型金融服务集团，秉持"以客户为中心、为创新者赋能"的理念，在"金融服务实体经济"主航道上，发掘科技企业价值潜力，为深圳建设中国特色社会主义先行示范区、为我国建设世界科技强国而不懈奋斗。

亮点示范

市场化运作探索政策性担保可持续发展之路

深圳高新投成立之初，并不像现在这样业务多样化、盈利能力良好，也曾遭遇了创立初期较长时间的摸索。虽然融资担保成绩单颇为亮眼，但一个不容回避的现实是，深圳高新投的融资担保业务一直挣扎在盈亏平衡的边缘。

在我国，融资担保行业收取的费率只有 2% 甚至更少，而所扶持的企业一旦出了问题，担保机构就要替企业兜底，全额向银行还款。深圳高新投集团党委书记、董事长刘苏华直言：“融资担保是一个高风险、低收益的行业。融资担保提供的是准公共产品，不以营利为目的。仅仅从事融资担保业务，深圳高新投就很难发展壮大，去支撑更多创新型企业的融资需求。”

企业竞争力的实现取决于创新的细胞。由于诞生在改革开放的窗口——深圳，深圳高新投自身就具有敢闯敢试的基因。为扭转困境，深圳高新投在全国率先开始摸索少失血和多造血“两条腿走路”。一方面，强化融资担保风险管理体系和人才队伍建设，降低融资担保风险，确保少失血；另一方面，开始加大创新研发力度，推出多种全省乃至全国首创的融资业务模式，谋求造血生存的新路。在造血生存的新路上，深圳高新投开拓出多个“国内第一”的业务模式，其中“投保联动”就是一个关键业务。

欧菲光成立于 2001 年，公司发展之初定位为光纤通信精密薄膜元器件生产。2004 年，由于产品研发受阻，又逢科技股泡沫破裂期，欧菲光两大股东相继退出，公司发展陷入困境。2005 年，深圳高新投为其提供 200 万元贷款支持，渡过难关的欧菲光驶入研发生产的“快车道”。2007 年，深圳高新投为其提供 3000 万元贷款支持，保障了欧菲光产业园的顺利建成。2008 年，深圳高新投入股欧菲光，投资 423 万元，全力支持企业扩张业务版图。2008 年至 2010 年，为解决欧菲光技术改造等问题，深圳高新投又相继提供了两笔 2000 万元的贷款担保支持。依托深圳高新投全方位的金融扶持，欧菲光在 2010 年顺利登陆中小板，市值达 22 亿元。如今，欧菲光已成为全球最大薄膜式触摸屏供应商。通过退出部分股权和企业上市后实现项目投资增值，深圳高新投获得了 87 倍的投资收益，这也成为中国创投史经典案例之一。

此外，还有东江环保、科陆电子、科信技术等投资项目，均是深圳高新投应用"投保联动"的典范案例，均取得了良好的社会效益与经济效益。

聚焦战略新兴产业、先进制造业及现代服务业，深圳高新投致力于发掘"小而美"的中小型科技企业成长价值潜力，并通过全生命周期金融服务为创新者赋能。截至 2020 年 10 月，深圳高新投创投累计创投项目超过 200 个，初始投资超过 12 亿元，平均单笔金额 485 万元，其中 11 家在 A 股上市，3 家在香港上市，6 家并购上市，上市退出回报率超过 50 倍，平均退出投资收益率达 11 倍。

图 5-32　2019 年 6 月 5 日，深圳高新投在深圳推出"5G 贷"，助推 5G 产业小微企业发展

此外，深圳高新投还于 2003 年开发了风险较低的保证担保业务品种（通过深圳高新投担保以代替企业向银行缴纳的保证金），在间接解决中小建筑企业融资难的同时，平衡融资担保业务的系统性风险，现已成为国内市场的引领者，保证担保业务规模连续多年位居全国之首。

在年轻的"金融老将"刘苏华眼里，金融机构的创新是永无止境的。创业投资、小额贷款、典当贷款、金融产品增信、商业保理……伴随一系列创新产品和业务相继推出，如今，深圳高新投已成长为"增信 + 资管"双轮驱动的全国创新型金融服务集团，实收资本达 138 亿元，净资产超过 220 亿元，总资产近 340 亿元。无论是创新能力、自身实力，还是业务规模、社会效益，都已成为中国担保行业当之无愧的"领头羊"。

图 5-33　屹立在深南路边的深圳高新投大厦

【案例赏析 7】

深圳担保集团：为中小企业提供贴身金融服务

1999 年，为响应党中央、国务院关于扶持中小企业发展的精神，解决中小企业融资难特别是贷款难问题，原国家经贸委中小企业司在提交国务院报告中提出：建立中小企业信用担保体系迫在眉睫、势在必行。我国中小企业信用担保体系建设就此拉开序幕。

深圳响应中央号召，率先开展中小企业信用担保体系建设试点，设立了深圳市中小企业信用担保中心（深圳担保集团的前身）。在事业单位期间，深圳担保中心按照"政策性定位、市场化运作、企业化管理"的模式运作，取得了稳健发展。2006 年，根据市委、市政府关于事业单位改革的统一部署，深圳担保中心划转至深圳市投资控股有限公司，成为一家全资国有企业。

发展至今，深圳担保集团成为行业领军担保集团，股东为深圳市投资控股有限公司、深圳市龙华建设发展有限公司和深圳市平稳发展投资有

图 5-34　深圳担保集团董事长胡泽恩

限公司。现注册资本为 114 亿元，净资产超过 180 亿元，总资产达 300 亿元。资本市场主体信用最高评级 AAA，担保机构资信评级 AAA。获评"全国最具公信力中小企业信用担保机构"、"全国十大最具影响力中小企业信用担保机构"、"全国中小企业信用担保机构三十强"、全国首届"中小企业服务体系优秀案例"、"最佳担保创新奖"、"深圳质量标杆"等荣誉称号。

坚守初心服务实体经济

2019 年 10 月，深圳担保集团获评为 2019 年度"深圳质量标杆"，这是当年唯一获此荣誉的金融类企业。熟悉深圳担保集团发展历程的业内人士认为，此荣誉花落深圳担保集团是实至名归，因为深圳担保集团自成立以来，高度聚焦中小企业金融服务领域。成立 21 年来，深圳担保集团累计提供服务项目 37000 个，业务发生总额达 4860 亿元，创下"广东省企业新纪录"，根据深圳市统计年鉴相关数据测算，可新增社会销售收入 9875 亿元，新增税收 1003 亿元，新增就业岗位 608 万个。

深圳担保集团积极贯彻政府产业政策，对深圳市支柱产业、战略新兴产业支持力度逐年加大，高新技术企业等技术含量较高的企业占比超过 66%。截至 2020 年 6 月，深圳担保集团客户中已有 279 家企业成功上市，其中在国内外主板、中小板挂牌上市企业 138 家；获工信部认定为"国家级中小企业公共服务示范平台"，是广东省唯一上榜的担保机构。

助力 3 万多家中小企业发展的强大推手

2019 年 12 月 13 日，中国证监会核准了深圳市铂科新材料股份有限公司（以下简称铂科新材）在创业板的首发申请。铂科新材是全球领先的金属粉芯材料生产商和服务提供商，从事合金软磁粉、合金软磁粉芯及相关电感元件产品的研发、生产和销售，客户包括华为、ABB、伊顿、田村、中兴、比亚迪等国内外龙头企业。

鲜有人知的是，在铂科新材快速成长的背后，离不开深圳担保集团为企业发展的助力。2013 年以来，深圳担保集团先后通过融资担保等服务累计为铂科新材提供 1.5 亿元资金支持，解除其资金匮乏的后顾之忧。2015年，深圳担保集团旗下创投公司深圳市中小担创业投资有限公司 A 轮对铂科新材投资 1050 万元，为企业的长期发展注入新动力。在深圳担保集团的大力扶持下，铂科新材的发展如虎添翼，近年实现了销售年均增长

图 5-35　2015 年 9 月 16 日，深圳担保集团董事长胡泽恩率队赴某中小企业工厂调研

60%，利润年均增长 33% 的佳绩。

同样的故事也发生在深圳市德方纳米科技股份有限公司（以下简称德方纳米）的身上。德方纳米是一家致力于纳米材料开发直至产业化，集研发、生产和销售纳米材料及其应用产品为一体的国家级高新技术企业，是全球领先的新能源电池核心部件——正极材料的提供商。

2014 年，在德方纳米暂未盈利的情况下，深圳担保集团基于企业良好的发展前景，雪中送炭，为企业提供了第一笔 400 万元纯信用贷款担保。随后，为帮助企业快速稳健发展，深圳担保集团又为企业提供了一笔 3000 万元贷款担保，帮助企业扩建厂房和设备。2014 年以来，深圳担保集团先后通过融资担保等服务累计为德方纳米提供 1.4 亿元资金支持，并于 2015 年对其追加投资。在此加持下，德方纳米销售额及利润增长 6 倍以上，主导和参与制定了多项相关国家标准，快速占领新能源电池正极材料高端市场，并在资本市场实现华丽转型。2019 年 3 月 19 日，证监会发布第十八届发审委 2019 年第 6 次会议审核公告，德方纳米首发通过。

在深圳担保集团发展史上，像这样雪中送炭、助推企业上市的故事不胜枚举。缓解中小微企业融资难、服务实体经济，是深圳担保集团坚守的使命和不断前行的初心。21 年倾力扶持中小微企业，不断探索总结创新，深圳担保集团深谙企业成长的逻辑规律，以及不同阶段的需要和诉求，为中小微企业提供"量体裁衣"式的全方位金融服务，主要业务包括融资担保、发债增信、投资、商业保理、保证担保（保函）、小额贷款、委托贷款、典当、融资租赁、资产管理、财政专项资金无息借款担保、上市融资服务等。

担当政策"传感器"，缓解企业融资难

深圳担保集团董事长胡泽恩表示，21 年前，深圳担保集团在肩负"缓解中小企业融资难"的时代使命中应运而生，开启了深圳中小企业信用担保体系的建设征程。

作为国有融资担保机构，深圳担保集团始终以社会责任为导向，积极践行国家战略，发挥国企担当，担当政策"传感器"，助企业获政策支持。2002 年，深圳市政府首次将原本直接审批发放的产业转型升级专项资金委托深圳担保集团管理，深圳担保集团作为第三方机构对政府推荐项目按照市场化原则进行独立评审。通过评审，符合财政资金免息借款条件的企业，可按项目完成情况享受免息、一到两年资金使用期限的优惠政策，深圳担保集团免收企业评审费和担保费。

在此示范作用下，深圳市科技研发资金参照产业技术进步资金的管理

图 5-36　2007 年 11 月 21 日，由深圳担保集团设计并提供担保增信的全国首只中小企业集合债券
"07 深中小债"成功发行

图 5-37　2014 年 8 月 19 日，深圳担保集团与前海金融资产交易所联合举办首单小额
　　　　贷款公司同业拆借签约仪式

模式，委托深圳担保集团管理。如今，深圳各区政府也纷纷与深圳担保集团建立了扶持中小企业发展的专项合作，对于符合扶持规定的中小微企业，政府给予 1%—6% 不等的保费补贴，有效降低企业融资成本。

　　近两年，深圳担保集团帮助企业大幅降低融资成本，提升融资效率，为民营企业纾困，推动企业稳步发展。深圳担保集团积极承担落实千亿发债中支持新增 500 亿元发债落地的任务。2019 年 3 月，深圳担保集团与国信证券、平安证券及多家银行共同签署《支持深圳民营企业债券融资战略合作协议》，将力争为超过 100 家民营企业提供 500 亿元新增发行债券。

　　同时，深圳担保集团推出"供应链资产支持证券产品"，将民营中小企业的应收账款作为基础资产，以集团 AAA 增信替代民营中小企业信用，在深圳证券交易所发行证券产品，可有效降低融资成本，提升融资效率，实现供应链上下游资金融通。第一期产品"中小担—中小企业供应链 1 号资产支持专项计划"已于 2020 年发行成功。与此同时，在落实千亿平稳基金方面，深圳担保集团管理 100 亿元的平稳基金，本着定向实施、市场化运作、快捷有效、企业尽力自救的原则，推进此项工作，为民营企业纾困。

在降费让利方面，深圳担保集团通过推出低费率产品，有效缓解企业"融资贵"。深圳担保集团自成立以来一直聚焦融资担保主业，积极发挥政策性功能，一视同仁地保持担保费率 2% 的市场较低水平。为切实落实国办发 6 号文，2019 年深圳担保集团进一步降费让利，针对贷款担保总额在 500 万元（含）以下的企业，担保费直接下调至 1.5%，并推出了低费率融资产品"首贷易""优企贷"，根据 2019 年业务量测算，可在总额上为企业降费达 3000 万元。

2020 年，为缓解新型冠状病毒肺炎疫情对企业的影响，帮助企业解决资金困境，深圳担保集团继续为企业降费减负——担保费低至 5 折，仅收取 1%，再叠加市、区两级的补贴政策，符合条件的企业可享受"零"保费，根据深圳担保集团年均业务量测算，可为企业降费达 5000 万元。深圳环金科技有限公司财务总监黄红云在接受媒体采访时表示，因为享受了"外贸贷"金融产品的保费和利息的优惠，以前每个月要支付 30 多万元利息，现在只要付几万元就可以了。

十年一剑，"诚信榜"铸就深企诚信脊梁

2019 年 11 月，深圳担保集团颁发了"第七届中小企业诚信榜"，欣旺达、海能达、德方纳米、达实智能等 148 家上榜诚信企业获得了深圳担保集团的无抵押纯信用担保授信，授信总额度达 100 亿元。

诚信是企业信誉的基石，是企业的精神财富，同时，诚信也是企业的一种价值资源和无形资本。"诚信榜"，则是深圳担保集团点"诚"为

"金"，铸就深圳企业诚信力量的重磅创新。

深圳担保集团于 2003 年创办"中小企业诚信榜"活动，对上榜企业免抵押、免质押、免留置予以担保，以更好地服务中小微企业、高科技企业和民营企业，推动诚信社会建设。在市政府相关部门、市国资委、深投控公司的大力支持下，"中小企业诚信榜"活动每隔 2 至 3 年举办一次，上榜企业可获得深圳担保集团提供的纯信用担保服务。通过树立诚信榜样，持续深入营造"知信、用信、守信"的良好氛围，优化营商环境，有效降低中小微企业融资成本，提高融资效率。截至 2019 年年末，深圳担保集团举办了 7 届"诚信榜"，上榜企业逾千家，总授信规模 360 亿元，已形成广泛的号召力和影响力，在服务实体经济和中小微企业过程中，产生了可喜实效。上榜企业中不乏深圳知名企业，如欣旺达、海能达、科士达、劲嘉股份、金证科技、信立泰药业等。

图 5-38　2019 年 11 月 27 日，深圳担保集团举办第七届"中小企业诚信榜"活动，集团董事长胡泽恩现场致辞

欣旺达电子股份有限公司（以下简称欣旺达）是国内新能源产业的领军企业之一，是世界能源企业 500 强、中国电子信息企业 100 强、全球锂离子电池领域领军企业，2018 年欣旺达销售收入达 200 亿元。该企业已连续五届成为"诚信榜"上榜企业。欣旺达董事长王威表示，"中小企业诚信榜"通过担保授信来褒奖诚信，受到了企业的欢迎和社会各界的点赞，是深圳市诚信建设的一面鲜明旗帜。从第一笔 400 万元的贷款到如今在创业板上市后的发债，深圳担保集团已累计为欣旺达提供了数亿元的融资担保。欣旺达成为如今国内锂离子电池产业的龙头企业，离不开深圳担保集团的大力支持。

引领担保行业发展成行业范本

深圳担保集团用超强的竞争力，成为担保行业的龙头。为企业提供量身定制的创新产品和融资服务，是深圳担保集团发展战略的重要组成部分及贴身服务客户的不懈追求。深圳担保集团下设深担增信公司、融资担保公司、非融担保公司、创业投资公司、人才基金管理公司、小额贷款公司、商业保理公司、融资租赁公司、资产管理公司、金鼎信典当行等专业化子公司，业务涵盖融资担保、金融产品担保、非融资担保、商业保理、融资租赁、创业投资、资金业务、金融科技、资产管理、城市更新等业务板块，致力于打造中小企业创新金融服务生态圈，满足不同企业在全生命发展周期的金融需求。

在风险控制方面，深圳担保集团走在全国前列，形成深圳担保金融服务的范本。深圳担保集团以积极的探索精神、严谨的科学态度，形成了既具深圳特色又有推广价值的"四全"风险管理体系，即以"全面的风险意识、全员参与的风险管理、全过程的风险控制、全新的风险管理手段和方法"为核心理念，以有效的管理制度和运行机制为基础，以高业务素质和高思想品质的人才队伍为主体，以打造中小企业创新金融服务生态圈为发展目标，以计算机系统为控制平台的综合管理体系。一是服务技术创新，深圳担保集团完成了从融资担保机构首个业务管理信息系统到以人工智能为核心的新一代智能化管理系统的蜕变，内容包括智能风控、智能产品、智能运营、智能展示及担保生态建设，是打造中小企业创新金融服务生态圈的重要保障。二是服务流程创新，深圳担保集团以市场为主导，从企业实际需求出发，以企业现状结合发展前景，给予每个企业"量身定制"的融资方案。该风险管理体系荣获国家级企业管理现代化创新成果一等奖。在该体系的保障下，深圳担保集团代偿率始终控制在千分位，领先全国行业平均代偿水平 10 倍。

2007 年，根据工信部中小企业司要求，深圳担保集团作为主编单位，为全国担保行业培训编纂了《信用担保实务案例》，填补了我国信用担保案例教材的空白。2010 年，深圳担保集团根据前 10 年探索实践的阶段性总结，出版了《中小企业信用担保规制与探索》，为行业贡献制度范本。2012 年，深圳担保集团根据 5 年来债券市场增信经验，出版了《中小企

图 5-39 2019 年 3 月 12 日，深圳担保集团成功举办"中小担集团支持民企债券融资签约仪式"，并现场与合作银行签约

业债市融资》，为中小企业债市提供指导和参考。2016 年，深圳担保集团将自身多年服务中小企业、在担保行业探索前行的经验进行总结，编辑出版了《担保实务指南与疑难解答》。四本图书的出版，为全国中小企业信用担保行业的规范发展贡献了范本，也为其他担保机构更好地为中小企业提供融资担保服务提供了指引。

深圳担保集团尤其注重人才队伍建设，是深圳市融资担保行业首个"博士后创新实践基地"。集团现有员工 365 人，平均年龄 30 岁，拥有跨学科学历背景员工占比 40%，硕士研究生占比 86%，管理和业务骨干一般在 30—45 岁，精力充沛且具有丰富的实践经验。

迎接时代新机遇，实现担保机构高质量发展

2020 年，是全面建成小康社会和"十三五"规划的收官之年，国家要实现第一个百年奋斗目标。进入新时代，我国经济已由高速增长阶段转向高质量发展阶段，其核心在于经济活力、创新力与质量竞争力。2019 年，扶持小微企业与三农经济发展提升到国家战略高度，融资担保公司监管政策落地实施，地方金融监管机构对地方创新金融监管与重视程度逐渐加大。随着各种政策的颁布，担保行业将迎来规范化、高质量发展和新的发展机遇。

近年来，深圳担保集团的实力不断增强，各项指标均呈现稳健增长的发展态势；进行架构调整与品牌形象转型工作，明确发展定位，更好地服务中小微企业和实体经济；注重产品创新，深挖企业融资痛点，打造贯穿企业全生命周期的创新金融服务生态圈；注重质量管理，导入卓越绩效管理模式，获评"深圳市市长质量奖"及"深圳质量标杆"。"我们的目标是成为行业发展的领军者、行业创新的推动者、风控能力的示范者、研究

能力的先行者和服务能力的佼佼者。"胡泽恩介绍道，"双区"建设将吸引更多更优质的企业落户大湾区，这将为深圳担保集团带来更多更优质的客户群，集团的业务渠道与业务品种将进一步拓展。同时，粤港澳大湾区内金融要素自由流动的加强，将加大深圳与香港、与其他城市广大金融机构的协同效应，进一步促进开放型区域协同创新共同体发展，为深圳担保集团进一步发展提供土壤和机会。

胡泽恩对深圳多层次资本市场的建设成就高度肯定，并寄予厚望："深圳多层次资本市场最有活力，效率很高，企业融资渠道十分丰富，多层次资本市场的建设对企业快速发展有巨大的推动作用。如果未来深圳在建设中国特色社会主义先行示范区的进程中，能够让优秀的担保公司走上资本市场，公开上市之后，必然让担保机构的信用大幅提升，增信效率更高，担保机构服务企业的实力也会更强大，那么将对深圳多层次资本市场的建设、我国资本市场的繁荣更为有利。"

唯变革者强，唯创新者胜。深圳担保集团从单一贷款担保业务起步，发展到综合型金融服务提供商，再发展成为法人治理结构规范、服务规模和资本规模快速发展的创新金融服务集团阶段。如今，站在新时代的潮头，深圳担保集团迎风破浪，瞄准全国担保行业领军者的目标大步前进。

亮点示范

创新金融服务，持续助力中小企业发展

在我国的国民经济中，中小企业占绝大多数，它们可以解决就业和社会流动性问题，中小企业是我国经济社会最活跃的组成部分，但长期以来，我国中小企业由于初始资本小、可抵押资产少，贷款受到限制，所以始终面临融资难和融资贵的问题。

那么，如何帮助数量众多的中小企业顺利成长？深圳担保集团自成立之初便一直坚守"缓解中小微企业融资难"的初心，坚定服务国家战略，不断探索促进中小微企业发展的路径方法，帮助中小微企业顺利成长。

深圳担保集团董事长胡泽恩介绍，通过贷款担保帮助企业间接融资，这是担保集团的传统业务，后来为了帮助中小企业拓宽融资渠道，就创造性地提出了将几家中小企业集合在一起捆绑发债，并于 2007 年促成我国首只中小企业集合债——"07 深中小债"的成功发行，打破了以往只有大企业才能发债的传统，开创了中小企业融资的新模式。深圳担保集团也因此获得深圳市人民政府颁发的 2012 年度"深圳市金融创新奖"和广东省人民政府颁发的"2012 年广东省金融创新奖"。后来，深圳担保集团又创造性地采用"集合"的概念，成功组织、设计了广东省首只中小企业集合票据和首单集合中小企业私募债。探索直接融资服务新模式，令深圳担保集团扶持中小微企业方式和路径更加宽阔。截至 2019 年年末，深圳担保集团已发行债券类产品金额超过 100 亿元，可增信发行市面上所有中小企业债市产品，发行数量居广东省融资担保机构之首。

除了率先探索债市增信，由信贷市场担保向资本市场担保延伸外，深圳担保集团还聚焦不同行业企业的融资需求，以"组合拳"形式破解中小微企业资金瓶颈。优势科技金融产品"科技通"、"知识产权质押"担保直击制约科技型企业融资的"高技术、轻资产痛点"。此外，可配套深圳各区政府的扶持中小企业发展专项资金，通过保费或利息补贴，降低企业融资成本。围绕核心企业开展供应链金融服务，利用信用替代机制，以供应链核心企业信用替代其 N 家中小供应商信用，实现供应链上下游资金融通。值得关注的是，资产证券化产品（ABS）是依托资本市场 AAA 评级，以项目所拥有的资产为基础，通过在资本市场发行债券来为企业筹措低成本、高效率的资金，缓解企业融资难、融资贵问题。国内首单海上航运客票收入 ABS 于 2019 年 3 月发行成功，发行总规模达 4.75 亿元，平均票面利率 5.5%，属同期中低水平，展示了深圳担保集团产品创新的良好能力。

良好的银保合作关系是为企业提供便捷、高效融资服务的基础，深圳担保集团勇于创新，突破传统银保合作模式，高效联动金融资源。基于深圳担保集团良好的风险控制水平和商业信誉，深圳担保集团已与 40 家银行建立了风险分担的良性合作关系，逾 1000 个合作网点遍布深圳各区。深圳担保集团与 40 家合作银行均采取风险"八二分担"的合作模式，促使银行深入参与到每个项目中，该风险分担比例为全国率先、深圳唯一。此外，通过深圳担保集团的担保，企业还可以优先获得银行资金，减少资金成本上浮比例。深圳担保集团与银行建立的良性合作模式，为其他担保机构深化银担合作提供了实践典范。

近年来，国家大力支持发展普惠金融体系。深圳担保集团积极探索基于大数据的普惠金融。与互联网巨头及银行合作开发线上获客渠道，推进线上业务处理，内部业务数据与外部数据库高效对接，建立智能风控模

型，为中小微企业开发标准化、批量化、定制化服务。深圳担保集团先后
与阿里、腾讯、百度等互联网巨头开展合作，与蚂蚁金服、腾讯微众银
行、百度旗下度小满金融基于大数据分析的普惠金融领域公司携手。截至
2019年年末，与互联网巨头合作的普惠金融产品已超过百亿元。

图5-40 2020年4月28日，深圳担保集团受邀参加龙华区产业对接活动，为中小企业宣讲金融
      战"疫"系列产品

【案例赏析 8】

工商银行科创中心：坚持"创新引领"的经营理念

为深入贯彻国家创新驱动发展战略，落实金融支持实体经济工作要求，工商银行积极承担国有大行责任，不断探索金融支持科技发展的新路径和新模式。2018 年 5 月 10 日，中国工商银行在深圳挂牌成立中国工商银行科创企业金融服务中心（以下简称科创中心），通过设立专营机构进行体制机制创新探索，精准服务民营科创企业。

科创中心作为工商银行拓展科创金融的聚焦点与发力点，始终坚持"创新引领"的经营理念，在科创企业金融产品体系、风险评价体系及生态合作体系等方面推出了一系列创新举措，构建起科创企业金融服务体系，通过创新，全方位、多维度地服务科创企业发展。

自成立以来，科创中心持续优化资源配置，通过整合内外核心资源，打造科创

图 5-41　中国工商银行深圳市分行大厦

金融多层次发展体系，实现了工银科创金融的持续赋能，重点服务了一批优质的头部科创企业，择优培育了一批高成长的中型科创企业，批量支持了一批有前景的普惠科创企业，新增融资发放量超 200 亿元，融资服务客户行业涵盖新一代信息技术、高端装备、新材料、生物、新能源汽车、新能源、节能环保和数字创意等国家战略性新兴产业领域。

做好科创金融的前提是要"懂得"科创企业

科创中心负责人介绍道："过去，企业说银行只会锦上添花，如今我们科创中心不仅可以为成熟期企业提供'锦上添花'的优质金融服务，更能为发展爬坡中的成长期企业提供'雪中送炭'的及时金融支持。以前我们贷款给企业，更看重企业过去财务指标如何、现在有什么资产，但针对科创企业，科创中心创建了一套全新的评价和服务体系。现在，我们还看重企业的核心技术自主研发能力、持续创新能力、未来发展前景。因为我们'懂得'科创企业经营规律与成长规律，所以才从'不敢贷'转变成'乐于贷'。"

科创中心成立短短两年时间，有效发挥了科创中心"一点接入，全行响应，集团联动"效能与定位，新增融资发放量超 200 亿元，融资服务客户行业涵盖新一代信息技术、高端装备、新材料、新能源汽车、新能源、节能环保和生物医药等国家战略性新兴产业领域，其中不乏商汤科技、优必选等"独角兽"企业，科创中心为粤港澳大湾区与中国特色社会主义先行示范区的创新发展增添了金融动力。

工商银行助力商汤科技走出去

　　商汤科技的成立，其实源于创始人汤晓鸥教授想为自己所拍摄的儿子的照片做分类的想法。作为 CV（即机器视觉）领域的顶尖科学家，汤晓鸥教授带领着他的团队以此为课题，在计算机图像识别和深度学习算法领域不断钻研突破，成功实现了计算机识别准确率首次超过人眼的历史创举，也斩获了多个世界级比赛的奖项。

　　商汤科技以"坚持原创，让 AI 引领人类进步"为使命，自主研发并建立了全球领先的深度学习平台和超算中心，推出了一系列先进的人工智能技术，包括人脸识别、图像识别、文本识别、医疗影像识别、视频分析、无人驾驶和遥感等，已成为中国头部 AI 算法提供商。商汤科技被科技部授予"智能视觉"国家新一代人工智能开放创新平台，肩负起更大的历史使命。

　　商汤科技总部设立在香港，在全球设有多个分支机构，企业主要研发机构分布于北京、上海、深圳三地。随着自身业务发展及境外股权融资规

图 5-42　工行科创中心员工新年合影

模的快速增加，商汤科技开始面临越来越多的海外投资并购、集团跨境资金管理等综合性金融需求，这对于一家技术型企业来说是个不小的难题。但得益于科创中心，商汤科技的跨境金融难题出现了重大转机。科创中心在了解到这一需求后，迅速成立科创企业跨境服务专业团队，联动工商银行集团内相关境内外机构，往返于香港、深圳、上海、北京多地为商汤科技对接服务，最终实现了"综合授信＋专属跨境资金服务方案"的成功落地，有效解决了商汤科技资金运营的痛点和难点，也使工商银行成为商汤科技在境内的首选银行金融机构合作伙伴。

人工智能是国家乃至全球重点关注的尖端行业，商汤科技作为国内人工智能领军企业已经将业务板块向西亚、欧洲等地展开布局，成为国家"走出去"企业的又一典范。

随着首笔融资的正式发放，商汤科技与工商银行的合作正式拉开序幕。2019 年，为配合商汤科技全球发展战略，工商银行深圳市分行通过科创中心联手商汤科技打造全球结算服务一体化合作模式，通过发挥工商银行集团资源优势，科创中心迅速联动迪拜、沙特分行为商汤科技当地子公司提供账户开立、本外币结算及人员工资发放等金融服务，为商汤科技"走出去"解决了后顾之忧。

助力科创企业"知产"变"资产"

为加快落实深圳建设中国特色社会主义先行示范区的工作要求，打造知识产权强国建设高地，在国家政策和监管部门的大力支持和推动下，工商银行积极探索知识产权质押融资新路径，从优化政策信息交互与落地、构建知识产权价值研判及服务体系、践行创新载体金融赋能等多维度破除科创企业知识产权融资难题，化"知产"为"资产"，助力科创企业"知产"变现。

深圳市创梦天地科技有限公司（以下简称创梦天地）是一家从事互联网数字内容运营的国家级高新技术企业，以手机游戏、动漫等线上线下融合的数字娱乐知识产权为核心竞争力，致力于为客户打造丰富立体的综合数字文化娱乐体验，具有科创企业典型的"有专利、轻资产、缺担保"特征。

工商银行以软件著作权（游戏版权）质押为突破口，为创梦天地提供游戏版权质押融资服务。2019年9月，科创中心为创梦天地核定了深圳市首笔著作权质押授信额度并完成了贷款发放，实现了知识产权业务流、信息流、资金流的互联互通，成功构建了同业领先、开放多元、融合共生、互利共赢的知识产权金融服务体系。

该笔业务充分发挥"工银科创政府联盟"优势，依托国家知识产权管理机制，成功打造"银行＋科创企业＋政府＋知识产权服务机构＋第三方机构"五位一体的知识产权金融服务体系，借助现有深圳市知识产权质押体系，打通涵盖政府主管部门、评估机构、担保机构、保险公司、大数据公司等完整的知识产权质押全链条，为拓展知识产权质押融资奠定职能与服务基础。

创梦天地著作权质押融资业务的落地，是工商银行积极响应国务院关于支持扩大知识产权质押融资会议精神的具体体现，也是工商银行迅速落实先行示范区关于探索知识产权融资的最佳实践，更是工商银行科创中心先行先试、化"知产"为"资产"支持民营企业的真实写照，为政府部门搭建知识产权服务联盟提供了有力支撑。

2019年11月11日，深圳市南山区政府在深圳市软件产业基地隆重举行"第一届南山知识产权联盟年会（IPAAC）"，并在年会期间成功举办了"第一届南山知识产权发展论坛"。工商银行深圳市分行作为唯一一家受邀参会的银行金融机构，在论坛活动过程中为创梦天地举行了"工商银行重点合作知识产权优势企业"的授牌仪式。

科创中心负责人透露，工商银行科创中心将继续依托国家知识产权体系，持续优化升级科创金融发展生态，完善科创金融服务体系，通过体制机制的持续创新，精准服务科创企业，深入探索以优质知识产权金融服务支持科技创新的新路径和新模式。

从"不敢贷"到两年放款超 200 亿元

深圳市韶音科技有限公司（以下简称韶音科技）是一家位于深圳宝安区的专业生产骨传导耳机的科技公司，企业 70% 年销售额都集中在下半年完成，因此每年销售高峰来临前企业的资金非常紧张。但 2019 年夏天韶音科技获得科创中心提供的 8000 万元贷款额度之后，解决了企业资金困局。

韶音科技总经理陈皞介绍："科创中心的这笔贷款为我们下半年生产准备了充足的资金，2019 年我们销售额预计将实现翻倍增长。"

由于该公司没有房产等固定资产抵押，此前只能利用知识产权质押融资等手段从银行贷款，一家银行贷款额最多不超过 2000 万元。陈皞透露："过去这些贷款与我们的销售额相比，差距太大了，远远不够解决问题。而且，此前在银行办理贷款的过程中，手续非常复杂，要准备特别多的材料。"

科创中心到韶音科技调研以后，根据企业的特点做了定向式服务，给了韶音科技综合性的授信方案。这大大降低了企业的融资成本，提高了融资效率。陈皞提及科创中心的服务就赞不绝口："由于我们产品 70% 销往国外，科创中心为了帮助韶音科技规避外汇方面的风险，还匹配了外汇衍生交易产品。我们对他们提供的专业高效金融服务非常满意。"

像韶音科技这样可以拥有量身定制融资方案的企业并不是个案，用科创中心负责人的话来说——"每家企业的授信方案都是量身定制的"。

科创中心如此强大的实力背后依靠的是一支专业化队伍。科创中心负责人表示："科创中心设立的初衷，就是让专业的人做专业的事，通过机构定位、组织架构以及服务手段的创新，再匹配上核心、专业的团队，科创中心建立起了'专业人、短流程'的高效工作机制。"

在组织架构上，科创中心在内部设置了市场拓展团队、投融资审查团队、产品制度创新团队、风险管理和资源保障团队，覆盖了科创企业投融资业务的前端服务对接及投融资业务尽调、中台审查审批、投贷后风险管理以及产品服务创新的全流程。

在人才构成上，科创中心工作人员来自总、分、支行各层级机构的各核心部门，所服务客户的行业分布、规模大小、业务种类全面而广泛，且金融服务经验非常丰富。科创中心打造了一支懂行业、懂技术、懂市场、懂金融、懂产品、懂风控的科创金融人才队伍，大大提升了银行对科创企业的风险把控能力。

如今，科创中心已结出累累硕果。截至 2020 年 6 月，工商银行深圳市分行新增科创企业融资发放量超 200 亿元，服务客群包含新一代信息技术、高端装备及先进制造业、生物医药等国家战略性新兴产业领域，成为粤港澳大湾区一支重要的金融服务力量。

打造科创金融风控五大武器

与传统企业相比，科创企业除了传统的经营风险和财务风险外，还增加了行业风险及技术风险；同时，科创企业往往还具有高人力成本、高研发投入、轻资产"两高一轻"的特征，风险防控难度相比传统企业大大增加。风险收益的不匹配决定了银行信贷人员更愿意做国企、央企、基建、房地产等传统领域的大企业、大项目，对科技创新企业"不想看""不愿看""看不懂"，更"不敢贷"，也"不愿贷"。

科创中心成立以来，始终坚持"在严控信贷风险的前提下，积极做好各类创新突破，全力拓展科创金融业务"的原则开展一切经营工作，创新风险防控措施，打造了涵盖客户准入、专属评级和授信模型、外部科技风险评估和科创金融经营管理系统在内的"科创金融风控五大武器"。

在客户准入创新方面，科创中心设计了科创企业准入评分模型，从深圳地区数万家科创企业中筛选出了一批具有核心技术自主研发实力、具备极强自主创新能力、能够代表中国先进制造业发展水平的科技创新企业，精准推送分支机构开展服务对接，把好科创企业准入关。

在专属评级模型创新方面，科创中心完成了科创企业专属评级模型的创新开发工作，已正式投产。新模型与传统评级模型相比，充分考虑科创企业"两高一轻"的特点，对科创企业的"创始人""研发团队"和"研发成果"等特征因素加大了评级权重，并在模型中加入了市场竞争情况和企业成长性评价，力求全面准确地反映科创企业的经营情况和发展前景。

在授信模型创新方面，科创中心完成了科创企业专属授信模型的创新开发工作，已正式投产。新模型充分考虑科创企业高成长的特点，将企业的未来收入、股权投资资金、补贴资金等各项科创企业特征收入纳入还款能力考量，并通过对科创企业研发投入、研发成果、市场表现、政府和资本市场支持程度等综合情况的评价确定出科创企业的合理经营负债率，大大提升了科创企业银行授信的适用性和可得性。

在外部科技风险评估创新方面，工商银行在与科技部建立战略合作关系的基础上，与国家科技评估中心开展了全面合作，由国家科技评估中心聘请专家，在科创企业投融资业务过程中出具分析报告，借助"外脑"帮助银行前中后台人员准确把握科创企业技术实力、技术发展前景等技术风险。

在科创金融经营管理系统创新方面，科创中心成功开发"科创金融经营管理系统 1.0 版"，该系统可以在科创企业经营管理方面提供数据化系统支持，后续将通过分期迭代升级，为科创金融业务发展打造一个涵盖全流程、全场景的营销支持及经营动态监测分析管理平台。

科创中心负责人表示："我们完成这五大创新之后，让整个信贷从业人员对科创企业看得更精准，判断得更精准，同时风控也能做得更精准，基本上解决了不敢碰、不敢贷，甚至看不懂科创企业的问题。"

建立工银科创金融联盟

2019 年 7 月，科创中心联合深圳证券信息有限公司在深交所成功举办"中国工商银行深圳市分行科创企业投融资路演"活动，从近百家报名企业中优选 5 家涉及高端制造、生物医药、工业自动化等领域的优质科创企业，为其搭台提供路演机会，帮助科创企业对接全球投资机构。该路演活动除现场推介、一对一交流外，还通过"深交所创新创业投融资平台"向全国 5200 多家投资机构和 1.5 万名投资人进行全程直播及精准推送，实现高效的线上线下一体化投融资信息对接。

这仅仅是科创中心所构建的"工银科创金融联盟"提供的一项服务。

科创中心通过整合社会优势资源，深化金融服务触角，着力拓展深化四大联盟合作，构建工银科创金融联盟发展生态——与政府机构、创投机构、资本市场、产业资源对接构建"工银科创金融联盟"。

工银科创金融联盟的构建是围绕科创企业的多元化需求展开的。针对深圳众多科技型中小企业的发展需求，科创中心通过加强政府联盟合作提升科技型中小企业服务能力，与深圳市科创委以及深圳科创金融重点片区南山、福田、罗湖、龙华、宝安等区的区政府、科创局或工信局建立战略合作并签署协议，共同通过科技企业贷款贴息、风险补偿、银政企客户活动等形式支持科创企业发展；同时，针对科创企业知识产权价值高的特点，科创中心加强与深圳市知识产权局、中国（深圳）知识产权保护中心、中国（南方）知识产权运营中心等深圳地区的知识产权服务机构的合作，在科创企业"知产"变现金融服务体系搭建方面走在了同业前列，目前已创新落地了多笔科技型中小企业的知识产权质押融资案例。

针对科创企业的股权融资需求，科创中心与头部创投机构合作，互荐优质客户开展"投贷联动"合作，实现了对部分偏早期科创企业的前置培育。针对科创企业发展壮大对接资本市场的需求，科创中心与交易所建立了科创企业的常态化路演机制，并与头部券商均建立了全面合作关系，能够充分满足优质科创企业股权融资对接、上市保荐、资产管理等多元化金融需求；针对深圳地区科创企业集聚发展产生的金融需求，科创中心与产业资本和产业园区开展合作，一方面支持园区的建设与发展，另一方面也通过产品和服务方案创新批量对园区内的科创企业提供金融支持。

工银科创金融联盟的搭建，是工商银行发挥自身平台优势对社会资源的充分整合，成功探索了科创金融服务新模式，有效解决了科创企业社会资源全面赋能的问题。如今已成功实现了政府联盟政策互通、创投联盟客户联动、资本联盟专业共享、产业联盟生态共建的重大合作成果。

科创中心负责人由衷地说："科创金融要想做得更好，关键是要更加'懂得'科创企业。未来，工商银行将把更多的资源投向粤港澳大湾区，科创中心将紧抓深圳社会主义先行示范区建设和粤港澳大湾区发展的战略机遇，扎根深圳，争当同业科创金融龙头；在服务科创企业的过程中不断积累经验，进一步提升科创企业金融服务能力，加快特色金融产品和业务创新的落地推广，持续丰富服务内涵，细化针对不同发展阶段、不同行业、不同需求的科创企业金融解决方案；发挥大行优势、展现大行担当，成为科技创新企业的'首选合作银行'与'基石合作银行'，真正服务一批走在民族创新前列、走在中国创造前列的优质科创企业。"

图5-43 2019年7月，中国工商银行深圳市分行在深交所举办科创企业投融资路演

金融服务创新是解决科创企业痛点的重要举措

2018 年 5 月诞生的工商银行科创中心是一个崭新的事物，机构定位新、组织架构新、服务手段新，而这些创新举措都是为了聚焦科创企业这个日渐壮大的全新客群。科创企业具有金融服务需求多元的特点，针对这一特点，科创中心创新推出了《科创企业综合金融服务方案》（以下简称《服务方案》）。

《服务方案》从企业生命周期的角度，将科创企业的发展分为"初创期、成长期、成熟期和转型期"四个阶段，并结合各阶段企业的发展特点和需求痛点，从"零售业务、资金结算、投融资服务和资源导入"四个维度为处于各成长阶段的科创企业匹配专属产品和服务，提供一揽子、全流程、综合性金融服务。同时，《服务方案》还从金融产品的风险偏好和银行自身的风控需求出发，按照非融资到融资、简单到复杂、低附加值到高附加值的层次，对各阶段科创企业的适用产品和服务从基础结算到投融资业务进行了阶梯式丰富和升级，大大提高了科创企业对工商银行金融产品和服务的适用性与可得性。

另外，考虑到科创企业"轻资产""重两权"的特点，科创中心充分发挥科创企业"两权"优势助力科创企业融资。所谓"两权"，指的是科创企业的知识产权和未上市股权。

在知识产权方面，科创中心充分发挥工银科创金融联盟的优势，与各相关机构共同建立起了"银行 + 科创企业 + 政府 + 知识产权服务机构 +

第三方机构（包括评估公司、担保公司、保险公司、数据公司等）"五位一体的知识产权金融服务体系，实现了知识产权业务流、信息流、资金流的互联互通，具有开放多元、融合共生、互利共赢的特点，协助企业将知识产权转化成"资本"。

在科创企业股权投融资方面，一方面，科创中心通过并购贷款满足了一批优质科创企业的并购需求，并创新推出了"并购 + 认股安排权"的融资模式；另一方面，工商银行深圳市分行以工银深圳 FOF 基金为抓手，投资了包括优必选、微芯生物、普门科技等在内的一大批科技创新明星企业；同时，科创中心还联合深交所开展了"中国工商银行深圳市分行科创企业投融资路演"系列活动，通过工银科创资本联盟机构合作实现了对科创企业"股权 + 债权"的多元服务。

工商银行深圳市分行正在致力于打造成为工商银行系统内、粤港澳大湾区内的"科创金融先行示范分行"，深圳科创中心探索出的"深圳经验"与"深圳模式"陆续在上海、广州、苏州、北京、成都、重庆、南京等全国其他科创资源集聚区域进行复制，工商银行在全国的科创金融服务架构已经越发成熟，成为国有大行主动进行金融供给侧改革支持科技创新的典型案例。

由此可见，科创企业金融服务创新是解决科创企业痛点的重要举措。科创企业经营风险高、技术更替快，银行服务科创企业要先练好内功，提高识别优质市场、预判经营风险的能力，深入掌握科创企业经营规律、成长规律、技术规律，针对性地解决银行现有产品、流程、定价、效率、授权中存在的不适应问题。

值得关注的是，服务科创企业，银行需要在科创企业的市场认定、准入标准、审批机制、政策流程、风险防控、产品创新、境内外联动、人才保证等一系列重点环节进行重大创新探索。比如，服务"旧经济"传统企业，尽调和审查往往重视企业有形资产的生产和流通，企业分析主要基于财报，关注过去和当期，更看重"物"；而服务"新经济"科创企业，尽调和审查需要重视企业无形资产的分布，企业分析强调估值，关注未来和成长，更看重"人"。只有改变科创金融从业人员的思维理念，树立新的科创企业评判标准，不断提升自身行业研究能力和技术把控能力，才能将思维理念从"押得住"向"看得准"转变。

"服务科创企业成长的过程，其实是一场接力赛。"科创中心市场拓展部总监表示，"银行、创投机构、担保公司等金融机构在不同阶段可以为企业发展提供助力，工商银行希望在这场接力赛上有更出色的表现，不断创新服务手段，科创中心通过转变传统的局限于大工业时代的单一标准化

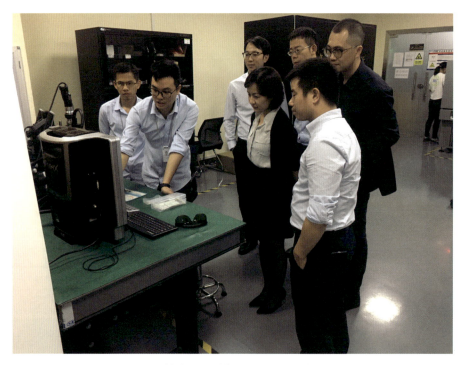

图 5-44　科创中心深入科技创新企业了解企业核心技术

产品和服务思维，以聚焦的差异化精准服务为科创企业提供全方位支持，不断提升服务实体经济的效率与水平。"

科创中心负责人认为，我国多层次资本市场好比是一座大厦，在这座大厦体系中，银行资本体量最大、服务群体最大，银行扮演的是基石的角色，在国家创新驱动发展战略背景下，科技创新企业已成为技术创新的重要载体和经济增长的新动力，如何提升科创企业金融服务水平、如何引金融活水助力科技企业发展至关重要。中国工商银行作为国有大型商业银行，引领金融资源支持科创企业发展，不仅是一种大行担当，更是一种社会责任，因此，科创企业金融服务创新是践行工商银行大行使命的重要举措。

【**案例赏析 9**】

平安产险：坚持稳定与健康的发展方略

中国平安财产保险股份有限公司（以下简称平安产险）于 1988 年诞生于深圳蛇口，是中国平安保险（集团）股份有限公司（以下简称平安集团）实现多元化发展的起点。

成立 32 年来，平安产险坚持稳定、健康的发展方略。近 10 年，实现保费收入、总客户数复合增长率分别超过 25%、20%；ROE（即净资产收益率）持续保持 15% 以上。2019 年，平安产险保费收入超 2700 亿元，稳居市场第二位，累计为近 7000 万个人及团体客户提供风险保障，旗下 43 家分公司及 2700 余家中心支公司、支公司、营销服务部及营业部遍布全国。

图 5-45　平安金融中心

截至 2020 年 6 月底，平安产险开发、经营的主险已超过 1000 种，经营业务范围涵盖车险、企财险、工程险、责任险、货运险、农业保险、短期健康险与意外险等一切法定产险业务及国际再保险业务。为个人、家庭、企业提供全方位的保险保障服务，在建设社会风险管理和保障体系，推动实体经济发展，完善新技术、支持创新战略方面切实发挥"保险姓保"的职能。

平安产险：科技创新发展护航者

创新的道路上充满风险，平安产险能为科技创新做些什么？平安产险副总经理龙泉介绍道："我们承担的首台（套）保险可以帮助企业转嫁和锁定产品设计或制造缺陷导致的修复成本和产品责任，帮助企业化解与客户之间的质量纠纷，助力企业首台（套）产品打开市场。南海可燃冰开采的'蓝鲸一号'，北海海洋石油的'希望六号'，交付马来西亚的'电动机车组'等众多高、精、尖技术创新项目，平安产险均以独家或主承保公司的身份，为其提供风险保障和品质增信服务。"

平安产险的首台（套）保险业务占了国内市场的半壁江山，自 2015 年至今，平安产险承保的首台（套）、新材料等项目，累计保额超过 4000 亿元。而且，平安产险在专利保险等方面进行了诸多有益探索，为企业创新创造面临的风险提供更多选择的风险解决方案。平安产险通过不断地创新，为科技创新事业保驾护航。

首台（套）保险助力高质量发展

研制首台（套）产品，投入多、风险大、推广难，却是产业发展的必经之路。长期以来，重大技术装备关系着国家安全、国民经济命脉和战略产品，利用市场化的运作机制，首台（套）保险可以使企业转移产品所带来的潜在质量风险和责任风险，打消用户企业的"后顾之忧"，加快企业的资金周转。自 2015 年至今，平安产险共计已承保 14 大领域超过 700 个项目，是国家首台（套）重大技术装备保险的主要保险服务提供商，申报成功项目市场占比和服务客户数量行业领先，在首台（套）保险领域已树立起专业服务标杆，赢得了生产企业和用户企业的双重认可和信任。

平安产险积极推进、助力高质量发展，为首台（套）重大装备技术及新材料推广应用提供相应的保险保障服务。

图 5-46 平安产险党委委员、副总经理龙泉

在大型施工机械领域，平安产险承保的中国铁建重工全断面硬岩掘进机（TBM）是国产大直径硬岩隧道掘进装备首次应用，标志着我国在大型掘进装备自主研发及工程应用方面取得重大突破。除此之外，平安产险还承保了全球最大的混凝土机械制造商三一重工研制的亚洲首台千吨级起重机 SAC12000 等，促进了多项国产大型高新装备的首次应用和全面推广。

平安产险为我国先进装备"走出

去"保驾护航。在高新技术船舶及海洋工程装备领域，某造船公司是我国高新技术船舶"走出去"的先进代表。平安产险承保的 22000 箱超大型集装箱船是当时世界上载箱量最大、最先进、最环保的超大型集装箱船，通过首台（套）保险的全面风险保障，该船厂于 2017 年 9 月击败韩国多家船厂，该船舶厂订单国产化比例达 90%，是我国高端海洋装备从跟随到引领的重大飞跃，也是海洋强国战略、"一带一路"建设的标志性成果。因船体及设备缺陷导致损失，通过首台（套）保险迅速进行预赔，为船长与船东的谈判提供了重要支撑，增强了船东方面的信心，稳固合作关系。

在轨道交通装备领域，动车组是我国高端装备"走出去"的重要代表，也是湖南省"1274"行动重点打造的世界级轨道交通产业集群。2016 年，平安产险承保了株洲中车国外城际动车组，保险保障超 7.9 亿元，为我国轨道交通"走出去"保驾护航。

在大型环保及资源综合利用装备领域，福建龙净脱硫脱硝工程有限公司积极借助首台（套）保险政策加快"走出去"步伐。该公司"干法烟气脱硫除尘脱汞一体化装备"在投保首台（套）保险以来，共新增 72 套同类别装备销售，涉及合同金额 24.13 亿元，带动装备出口销售 6800 万元；"LGGH 烟气余热回收—再热装置系统"在投保首台（套）保险以来，共新增 8 套同类别装备销售，涉及合同金额 2.77 亿元，带动装备出口销售达 1.3 亿元；"超净烟气治理岛多污染物协同治理设备"在投保首台（套）保险以来，共新增 4 套同类别装备销售，涉及合同金额 1.54 亿元。

龙泉介绍，首台（套）保险全面风险保障，可以帮助用户极大提升对国产首台（套）产品和装备的信心，从而也反过来鼓励了制造企业的创新积极性。陕柴重工的三代核电应急柴油发电机组系统庞大复杂，集成度要求高，主要零部件加工要素密集、精度高、制造难度大。通过某项目的首台（套）保险全面风险保障，企业放下负担，全面提升对该设备的研发与创新投入。通过引进、消化吸收、集成再创新，陕柴重工掌握了核应急柴油发电机组成（套）设计、轴系设计、机组程序加载计算、核级机组高可靠性设计、抗地震计算等核心技术，完成了柴油机图纸国产化研制及关键零部件工艺研制、单机装配试验及机组的 100 次 10 秒起动随即加载 50% 额定负载试验等工作，提高了陕柴重工在核电行业的竞争力，逐步成为国内核电应急柴油发电机组的领头羊，具备了大功率核电应急柴油发电机的自主研发、自主制造的能力。通过研制生产先进水平的应急柴油发电机组，该企业掌握了应急柴油发电机组成套研制的关键技术，缩小了与国外的技术差距，为加快国产化进程提供了有力的技术支撑。国产化主辅机系统和设备同样能够满足国际核安全技术的高标准要求，也彰显了国内核安全设备系统配套产业链的国产化能力和水平已大幅提高，不但使项目本身产生良好的边际利润，而且降低了整个核电项目成本和周期，加速提升了我国核电产业自主发展水平。

风控平台普惠广大中小企业

平安产险通过大数据、物联网等创新应用，聚合多项服务能力打造大数据风控开放平台——"KYR 风险管理云"（KYR——Know Your Risk），以"保险＋风控""线上＋线下"的创新模式，持续提升风险管控能力，向客户提供专业化、科技化风控服务。

龙泉介绍，2019 年，平安产险为 12000 家企业客户和重点工程项目提供防灾防损服务，发送灾害预警短信 110 万条；搭建政保风控云平台，协助各地方政府提升辖区内安全生产、环境保护及建筑质量管控等方面的管理水平。

　　平安产险于业内首推的安责险风控云平台，以行业化全景风险评估模型为内核，融合安全生产专业技术和风险管理专家共享资源，构建"安全生产互联网＋保险风控事故预防服务"新模式，为用户提供创新的安全生产风险管理智能化服务和线上化解决方案，协助企业进行自我风险管理和事故预防，实现风险闭环管理；为第三方安全服务机构提供行业化风险评估工具；政府监管部门则可通过平台了解保险公司事故预防服务动态。同时，平台还预留接口，可与政府相关部门安全管理系统对接，实现信息共享。截至 2020 年 6 月底，平安产险安责险风控云平台已积累了近 2000 家生产企业安全数据。

　　疫情期间，平安产险面向所有企业免费开放安责险风控云平台，利用平台四大功能，全方位助力企业风险管控：安全微课，聚焦安全生产管理和事故预防技术实践，提供多行业的安全培训在线课程；安全工具包，为

图 5–47　湖南平安产险夏季危化企业风险巡防活动

企业提供专业的风险评估和专项安全工具包，并制定针对疫情防控和企业复工复产安全检查表，供企业参考使用；信息动态实时更新，为企业提供及时的风险预警、深度的专业解读、权威的法律法规资讯；线上专家库，为企业提供事故预防服务，涵盖各领域安全专家、风控工程师 200 余人。

为实体经济建设保驾护航

平安产险充分发挥自身所长，支持产业升级、经济转型，为我国实体经济建设保驾护航。

在护航国家重大项目方面，2019 年，平安产险为 1000 多个重点工程建设项目提供超 1.8 万亿元风险保障，充分发挥实体经济稳定器作用。平安作为独家或主要承保人承保了深中通道、引江济淮、卡洛特水电站、川藏铁路等一个个事关国计民生的重大工程；并主承保了"蓝鲸一号"可燃冰开采项目、风云 2 号 H 气象卫星发射等众多标志性特殊风险大项目。

在参与"一带一路"建设方面，截至 2019 年年底，平安产险在全球七大洲 100 余个国家和地区承保工程险项目超 1000 个，涵盖公路、铁路、水电、水工等多个行业。为助推"一带一路"建设行稳致远，平安产险持续发挥专业化团队服务优势，推出综合解决方案，不仅提供涵盖企财险、工程险、企业并购险、境外人员意外伤害保险、绑架险等一揽子保险服务，还联合全产业链资源共同发起成立"护航一带一路保险生态联盟"，为"走出去"企业打造风险防范体系，提高企业境外安全保障和应对风险的能力。

在支持各区域协调发展方面，平安产险针对各区域特色定位，推出不同组合拳头产品及服务，有效支撑区域经济发展。以粤港澳大湾区为例，平安产险深度参与该区建设，全方位打造立体保障网，2019 年全年承保各类工程项目 17700 余个，包括深圳城市轨道交通三期、深中通道、赣深铁路等特大区域交通工程，以及大湾区内多个城市的水环境治理工程。

针对粤港澳大湾区定位建设国际科技创新中心，平安产险一方面通过首台（套）保险风险补偿机制为大湾区先进装备制造、新材料产业发展提供综合保险保障，助力其扩大发展，走出国门；另一方面在知识产权领域结合行业资源，搭建"服务 + 保险"生态圈，为科创企业提供综合保障服务。

龙泉透露，2020 年，平安产险将推出高质量专利保险、专利侵权责任保险和海外知识产权侵权责任保险三款新产品，进一步丰富知识产权保险产品体系，其中，海外知识产权侵权责任保险主要针对中国企业走出去后，因陌生的知识产权司法环境带来的侵权风险。该产品帮助企业识别海外侵权风险，降低海外知识产权侵权给企业带来的影响。

龙泉描述着平安产险未来发展的美好蓝图：以人工智能为代表的创新科技，正驱动金融进入自动化、智能化时代，在此背景下，平安产险通过"V 字形"变革模式，从愿景、场景梳理流程到从指标体系、流程重构再

图 5-48 2020 年 8 月，平安产险举办大学生保险数字科技挑战赛

到组织重塑，实现敏捷转型，以打造全球领先的科技型财产保险公司为愿景，不断推动数字化转型，为客户提供更好的体验和服务。在建设中国特色社会主义先行示范区的过程中，平安产险将增强保险业风险保障功能，加快落地与创新步伐，逐渐覆盖以往被忽略的保障"死角"，通过事前的风险管理降低风险发生的概率，并通过合理的手段完善风险事故发生后的经济补偿。

开展专利保险创新成效显著

在专利纠纷日趋频繁的市场竞争环境下，专利被侵权损失保险因能有效地帮助降低维权成本，防范侵权风险，获得越来越多企业的关注。

值得关注的是，平安产险作为国家知识产权局专利保险试点单位，在专利保险方面进行了诸多有益探索，搭建生态服务圈，通过"保险＋服务"模式为中小企业创新创造面临的风险提供一站式解决方案。2018 年，平安产险原创开发的专利被侵权损失保险被国务院纳入新一批 23 项改革举措。

平安产险知识产权保险不仅承保标的广泛，包括专利、商标、版权，而且涵盖知识产权全生命周期。借鉴国内外知识产权保险产品，平安产险对知识产权相关产品进行了诸多创新。以专利执行险为例，针对过去承保时不能解决"带病投保"的问题，平安产险经过深入研究发现，知识产权侵权不同于一般的保险事故有直观的事故痕迹，是否侵权均须等到法院判决方有结论，维权诉讼的提起具有一定主观性。因此，平安产险摒弃了过往保险产品一经立案就给予赔付的方式，取而代之的是根据胜诉、败诉的不同结果来给予赔偿。

平安产险还通过"保险＋服务"模式，以保险一站式服务解决权利人维权面临的成本高、障碍多、收益低等难题。"保险＋服务"模式在保险之外增加了诉前和诉中服务，前者增强了权利人在诉前对诉讼风险的了解，避免承担不必要的诉讼，节省宝贵的司法资源；后者通过专家团队和保险公司背书，提高案件成功率，降低客户前期投入。从 2017 年至今，平安产险仅在深圳地区知识产权相关保险承保保额就接近 40 亿元，增长速度处于市场领先地位。

平安产险 2015 年成立专利保险项目小组，在平安集团统筹下，与国家知识产权局展开深度合作，在产品研发上持续投入，并于 2016 年 8 月成为国家知识产权局认定的专利保险试点单位。2016 年年底，平安产险推

图 5-49　平安产险积极开展"3·15"保险消费者权益保护宣传活动

出了专利被侵权损失保险 A 款，首次将保险赔付聚焦到判决金上，直击国内专利诉讼执行难问题。

2017 年，平安产险对专利被侵权损失保险进行持续改进，推出专利被侵权损失保险 B 款，在继续关注判决金基础上，增加对无效抗辩、多次侵权的保障。2017—2018 年间，平安产险各分公司先后与江苏、云南、甘肃、江西、辽宁、深圳、宁波、广州等地知识产权局建立战略合作或项目合作关系，共同研发、推进专利保险工作。2018 年，平安产险原创开发的专利被侵权损失保险被国务院纳入新一批 23 项改革举措。2019 年，该险种被国务院《关于强化知识产权保护的意见》列为鼓励险种。同年，该险种被中国银保监会、国家知识产权局、国家版权局在《关于进一步加强知识产权质押融资工作的通知》中列为鼓励险种。2019 年，平安产险在专利保险产品的基础上推出知识产权保险，保险标的覆盖专利、商标、著作权以及其他司法系统认可的知识产权确权方式。

理论成果方面，2017 年，平安产险的"基于专利大数据的专利维权类保险产品工作机制研究"入选深圳市"促进科技创新知识产权保护专项资金资助"项目，该项目为专利被侵权损失保险的研发提供了重要的数据支持。

龙泉表示，专利保险具有经济补偿与风险防范的双重功能，能显著降低知识产权维权成本，提升企业的维权能力，在知识产权运用转化领域也具有独特的增信作用。专利保险正迎来加速发展的利好时机。

图 5-50　平安产险护航春运

【附录】

深圳经济特区创业投资条例

（2003 年 2 月 21 日深圳市第三届人民代表大会常务委员会第二十二次会议通过。根据 2012 年 6 月 28 日深圳市第五届人民代表大会常务委员会第十六次会议《关于修改〈深圳经济特区创业投资条例〉的决定》第一次修正；根据 2019 年 4 月 24 日深圳市第六届人民代表大会常务委员会第三十三次会议《关于修改〈深圳经济特区医疗条例〉等二十七项法规的决定》第二次修正）

第一章　总　则

第一条　为了鼓励和规范创业投资活动，保障创业投资当事人的合法权益，根据有关法律、行政法规的基本原则，结合深圳经济特区（以下简称特区）实际，制定本条例。

第二条　特区内创业投资机构和创业投资管理机构的设立、创业投资活动及其监督管理适用本条例。

本条例所称创业投资，是指向创业企业进行股权投资，以期所投资创业企业发育成熟或相对成熟后主要通过股权转让获得资本增值收益的投资方式。

本条例所称创业投资机构，是指依据本条例登记注册，以自有资产专业从事创业投资活动的民事主体。

本条例所称创业投资管理机构，是指依据本条例登记注册，受创业投资机构的委托代为管理其投资业务，并为被投资企业提供管理服务的民事主体。

第三条　个人和非依据本条例设立的企业，可以依法从事创业投资活动，其合法权益受法律保护。

第四条　创业投资机构和创业投资管理机构的名称可以使用"创业投资""风险投资"或者"创投"等字样，其他机构的名称不得使用上述字样。

第五条　市人民政府金融工作部门履行下列职责：

（一）拟订鼓励和规范创业投资事业发展的有关政策，并报市人民政府批准后执行；

（二）负责依照本条例和国家有关规定对创业投资机构进行备案管理；

（三）审核认定创业投资机构享受有关鼓励和优惠措施的资格；

（四）指导和监督创业投资同业公会的活动。

市商务部门负责境外投资人申请独资或者合资设立创业投资机构或者创业投资管理机构的审批。

市市场监管部门负责创业投资机构和创业投资管理机构的登记注册及相关监督管理。

第二章　创业投资机构的设立

第一节　设立条件

第六条　创业投资机构可以采取有限责任公司、股份有限公司、有限合伙企业等组织形式。

采取有限合伙形式的，由有限合伙的合伙人和普通合伙人组成。投资人为有限合伙人的，以其出资额为限承担有限责任；资金管理者为普通合伙人的，承担无限责任。

有限合伙企业的合伙人的出资比例、分配关系、经营管理权限以及其他权利义务关系，由合伙人在合伙协议中约定。

第七条　申请设立创业投资机构应当符合以下条件：

（一）投资人资信状况良好，拟任董事及高级管理人员承诺遵守有关行业规范；

（二）以创业投资作为主营业务；

（三）具有明确的营业计划或者投资策略；

（四）注册资本或者出资总额不低于本条例规定的最低限额；

（五）管理投资业务的人员具备创业投资专业资格；

（六）法律、法规规定的其他条件。

第八条　创业投资机构实收资本不低于三千万元人民币，或者首期实收资本不低于一千万元人民币且全体投资者承诺在注册后的五年内补足不低于三千万元人民币实收资本。

第九条　申请设立创业投资机构的境外投资人的条件，应当符合国家的有关规定。

第十条　设立创业投资机构，投资人的全部出资应当为货币形式。

企业申请变更主营业务成为创业投资机构的，应当符合本条例第八条的规定，并且申请变更时现有的货币资金和在科技型创业企业中所持股权的净资产值之和，不得低于注册资本的百分之七十。

第二节　设立程序

第十一条　境内投资人申请设立创业投资机构，可以直接向市市场监管部门办理企业设立登记。

第十二条　境外投资人申请独资设立或者与境内投资人合资设立创业投资机构的，应当经市商务部门审批后，向市市场监管部门办理企业设立登记手续。

第十三条　中外合资、合作企业或者外商独资企业申请变更主营业务成为创业投资机构的，按照法律、法规规定办理变更手续；其他企业申请变更主营业务成为创业投资机构的，可以直接向市市场监管部门办理变更登记手续。

创业投资机构成立后，发生增减注册资本、新增投资人、投资人之间转让出资或者向投资人以外的人转让出资等情形的，应当报原审批机关批准并办理相应的变更登记手续。

第十四条　境内外投资人设立创业投资机构的，各投资人的出资可以在设立登记之日起三年内分期缴付，但是在设立登记之前缴纳的出资额不得低于注册资本或者出资总额的百分之二十五。

第三章　创业投资管理机构的设立

第一节　设立条件

第十五条　创业投资管理机构可以采取有限责任公司、股份有限公司等组织形式。

第十六条　申请设立创业投资管理机构应当符合以下条件：

（一）拟任董事及高级管理人员具有良好的信誉和从业记录，并且承诺遵守有关行业规范；

（二）以受托管理创业投资机构投资业务作为主营业务；

（三）具有健全的组织机构、管理制度和具备创业投资专业资格的从业人员；

（四）注册资本不得低于本条例规定的最低限额；

（五）法律、法规规定的其他条件。

第十七条 创业投资管理机构采取股份有限公司形式的，注册资本不得低于一千万元人民币；采取有限责任公司形式的，注册资本不得低于一百万元人民币。

第二节 设立程序

第十八条 境内投资人申请设立创业投资管理机构，可以直接向市市场监管部门办理企业设立登记手续。

第十九条 境外投资人申请独资设立或者与境内投资人合资设立创业投资管理机构的，应当经市商务部门审批后，向市市场监管部门办理企业设立登记手续。

第二十条 创业投资管理机构成立后，发生增减注册资本、新增投资人、投资人之间互相转让出资或者向投资人以外的人转让出资等情形的，应当报原审批机关批准并办理相应的变更登记手续。

第二十一条 创业投资管理机构的投资人应当在设立登记前缴足其申报的全部出资。

第四章 业务范围与经营规则

第一节 创业投资机构的规定

第二十二条 创业投资机构可以从事以下业务：

（一）投资科技型或者其他创业企业和项目；

（二）为所投资的创业企业提供经营管理服务；

（三）法律、法规允许的其他业务。

第二十三条 创业投资机构不得实施下列行为：

（一）从事吸收存款、发放贷款、办理结算、票据贴现、资金拆借、信托投资、金融租赁、外汇或者期货买卖等金融业务活动；

（二）从事可能使其资产承担无限责任的投资活动；

（三）购买已上市交易的股票，但是所持被投资企业的股票上市及上市后的股票转换、配售、送股等情形除外；

（四）从事担保业务和房地产业务，但是购买自用房地产除外；

（五）法律、法规禁止从事的其他活动。

第二十四条 创业投资机构对单个企业的投资不得超过该创业投资机构总资产的百分之二十。

第二十五条 创业投资机构可以通过企业并购、股权回购、股票上市等方式将投资撤出。

第二十六条 创业投资机构可以聘请具备创业投资专业资格的从业人员自行管理其投资业务，也可以委托创业投资管理机构管理其投资业务。

第二十七条 创业投资机构可以委托商业银行作为创业资本的托管人。

创业投资机构所持有的创业企业股权（股份）可以委托市人民政府批准的机构作为股权（股份）托管人。

第二节 创业投资管理机构的规定

第二十八条 创业投资机构委托创业投资管理机构管理其投资业务的，双方应当订立书面的委托管理协议。

委托管理协议一般包括以下主要条款：

（一）委托管理的创业资本数额；

（二）投资方向、投资限制及投资项目选择标准；

（三）投资决策程序；

（四）承担投资管理任务的中高级管理人员名单；

（五）向被投资企业提供管理服务的内容；

（六）管理费和业绩报酬的计算及支付方式；

（七）委托管理的期限或者终止条件；

（八）违约责任；

（九）解决纠纷的方式。

第二十九条　创业投资管理机构根据委托管理协议的约定，以委托机构的名义实施创业投资活动。

第三十条　受委托的创业投资管理机构以委托机构的资本进行投资时，应当以其自有资金进行同步投资，同步投资的投资额不得低于实际投资额的 1%，当事人另有约定的除外。

同步投资应当遵循"同进同出、同股同价"的原则。

创业投资管理机构不得实施本条例第二十三条规定的行为，不得用自有资金进行同步投资以外的投资活动。

第三十一条　受委托的创业投资管理机构在提出投资建议前，应当对拟投资对象进行审慎的调查，并将调查结果向委托机构充分披露。

创业投资管理机构由于故意或者重大过失，未能揭示被投资企业在投资前已存在的资产、债务或者知识产权方面的重大缺陷，导致投资损失的，应当依法向委托机构承担民事赔偿责任。

第三十二条　受委托的创业投资管理机构及其从业人员与拟投资对象

存在利益关系的，该创业投资管理机构在向委托机构提出投资建议时，应当充分披露该利益关系并接受质询。

第三十三条　受委托的创业投资管理机构应当及时向委托机构充分披露投资业务实施情况和被投资企业的真实情况，并对所披露信息的真实性、准确性和完整性承担法律责任。

第三十四条　创业投资管理机构可以受托管理多个创业投资机构的投资业务。除另有约定外，创业投资管理机构应当平等地向各委托机构做出投资建议和信息披露。

第三十五条　创业投资管理机构不得挪用受托管理的创业资本，不得以受托管理的创业资本为自己或者第三人设立担保，不得将受托管理的创业资本存入创业投资管理机构的银行账户。

第五章　鼓励与优惠

第三十六条　政府应当鼓励和支持创业投资机构的设立和发展，对创业投资机构予以政策、资金引导和扶持。

第三十七条　政府用于科技新产品试制、中间实验和重大科研项目的补助经费，应当对创业资本投资企业的有关项目予以优先支持。

第三十八条　创业投资机构可以运用其全部资产进行投资。

第三十九条　创业投资机构可以按照当年总收益的百分之五提取风险补偿金，用于补偿以前年度和当年投资性亏损；风险补偿金余额可以结转下年度，但是其总额不得超过创业投资机构当年年末净资产的百分之十。

第四十条　创业资本所投资的企业，其高新技术成果出资入股的比例不受限制，并可以实行技术分红、股份期权、年薪制等智力要素参与收益分配的制度。

第六章　监督管理

第四十一条　市市场监管部门对创业投资机构、创业投资管理机构进行年检时，应当将创业投资机构或者创业投资管理机构是否遵守本条例规定的情况纳入年检范围，并将年检结果和处理情况通报市科技创新部门。

第四十二条　市市场监管部门在年检时发现创业投资机构或者创业投资管理机构有不符合本条例规定情形的，应当作出不予通过年度检验的决定。

未通过年检的创业投资机构停止享受有关创业投资机构的优惠政策一年；未通过年检的创业投资管理机构停止接受创业投资机构新的委托投资业务一年。

市市场监管部门连续两年在年检时发现创业投资机构或者创业投资管理机构有不符合本条例规定情形的，应当责令其依法变更名称，不得再使用"创业投资""风险投资"或者"创投"等字样。

第四十三条　未经核准擅自以含有"创业投资""风险投资"或者"创投"等字样的名称从事投资活动或者投资管理活动的，由市市场监管部门依据有关规定给予处罚。

第四十四条　创业投资机构或者创业投资管理机构违反本条例规定，侵害投资人、委托人的合法权益的，受损害者可以向有关部门投诉，也可以依法提起民事诉讼。

第七章　创业投资同业公会

第四十五条　创业投资同业公会是创业投资机构和创业投资管理机构的行业自律性组织。

凡在特区内登记注册的创业投资机构和创业投资管理机构，应当加入创业投资同业公会。

第四十六条　创业投资同业公会履行下列职责：

（一）制定创业投资的行业公约和其他行为规范，履行公约授权的职责，并监督会员履行公约和其他行为规范；

（二）开展信息服务，促进业务联系与合作，推动国内外创业投资事业的交流活动，培养创业投资专业人才；

（三）负责创业投资从业人员的专业资格认定及其管理工作；

（四）承办政府委托的有关事项。

第八章　附　则

第四十七条　本条例施行前已经依法登记注册的创业投资机构和创业投资管理机构，不具备本条例规定设立条件的，应当在本条例施行之日起一年内达到本条例规定的条件。

第四十八条　本条例未作规定的，适用其他法律、法规和规章的有关规定。

第四十九条　本条例自 2003 年 4 月 1 日起施行。

（链接：http://www.sz.gov.cn/zfgb/content/post_6567358.html，2019 年 6 月 17 日，来源：深圳政府在线）

结　语

在采访创投机构的时候，常常会探讨创业者与资本的关系，有人说投资者是"点石成金"的伯乐，也有人说投资机构与创业者的关系更像是婚姻关系，是否适配将会直接影响到双方的幸福和前程。其实，不论是"千里马"遇到"伯乐"，还是投资者牵手"意中人"，都意味着开启一段新的缘分。

那么，如何经营好这段新的缘分呢？首先，投资者与创业者双方都要意识到能够一起合作的缘分之珍贵。纵观全球，创新型经济发展大都发生在私人部门和中小企业。从我国创新型经济主体的规模和所有制结构分布看，创新型企业更多是民营企业，而且绝大多数是中小微企业，这些企业在初创期特别需要风险投资的支持。由于我国现有金融机构体系是以间接融资为主的金融服务模式，更倾向于规避民营中小型企业的风险，因此会提出很严苛的贷款条件，不能很好满足众多中小科技型企业的融资需求。深圳民营经济尤其发达，民营企业在全市企业总量中占比约为96%，民营经济对深圳经济增长贡献率超过50%，成为名副其实的"主引擎"。在民营企业遇到融资难的时候，创业投资、风险投资和股权投资机构可以在创新型企业成长过程中的不同阶段，发挥独特的股权融资服务功能。

其次，创业投资机构投入了"真金白银"，因此需要创业者尊重投资机构，能够遵规守法、善于经营，带给投资者丰厚的投资回报。创东方董事长肖水龙甚至提出做"乖乖公司"才能捡到大便宜，他说："准备上市的企业最好做一个'乖乖公司'，历史合规、财务规范、产权清晰、严格执行劳动法规和符合环保要求，这样才能顺利过关上市，进入良性发展的快车轨道，从而捡到一个大大的便宜。"

最后，创业者对投资机构也有所期待，除了资金的需求，还希望投资机构为创业企业带来更多的资源，包括人脉资源、市场资源、战略资源等。鉴于此，创投机构越来越多地强调建立一个强大的生态圈或资源池，给创业者的成长提供更多助力。

采访中，一些投资机构负责人在谈到错失了某一个绝佳的投资机会时，言语中不乏遗憾和惋惜；更多的投资机构、担保机构、银行等金融机构在讲述成功案例的时候，语气饱含自信和乐观。而在被问及"如何孕育下一个华为"的时候，不少人陷入了沉思，思考后给出的答案五花八门，发人深省。

工商银行科创中心负责人也曾与属下讨论过这个问题，他表示除了给龙头企业提供金融服务，还要将业务下沉，渗透到广大中小科技企业中去，只有样本量足够大，才能挖掘到像华为一样真正有创新能力的"金种子"企业。接下去，应该如何服务好这样的企业让它茁壮成长呢？那就必须建立一个强大的生态联盟，包括帮助企业对接政府部门、VC/PE、券商等资源，不断创新服务内容，在企业各个阶段提供周到的金融服务，成为企业可以长期信赖的"首选合作银行"。

A8 新媒体集团董事局主席、青松基金创始合伙人刘晓松则强调："天使投资对孕育下一个华为特别有意义，深圳天使母基金撬动更多社会资本参与天使投资，吸引众多全球优秀投资机构集聚深圳，是服务深圳全过程创新生态链的重要保障。"

基石资本创始人、董事长张维则对科创板抱以厚望，他认为科创板的意义就在于要培养 100 家像华为这样的企业，由点成线，再由线至面，真正实现大众创业、万众创新，在此基础上，中国将形成一个科技创新的良好生态。

一位不愿透露姓名的上市企业董事长表示，真正的好企业其实最终还是依赖于企业的领军人物，就如任正非成就了华为，马化腾成就了腾讯，而他们承载的事业也是为了造福全人类。深圳是改革开放的窗口，40 年来培育了一批有远见卓识的民营企业家群体，这样一个企业家群体是我国创新事业的中流砥柱，他们有着丰富的市场运作经验、真抓实干的拼搏精神，如何更好地发挥企业家精神，才是孕育下一个华为的关键。

有识之士指出，虽然华为不是政府部门规划出来的，但华为的发展过程也离不开政府提供的有利的政策环境，比如，1987 年深圳市政府出台了全国首个《深圳市人民政府关于鼓励科技人员兴办民间科技企业的暂行规定》，鼓励高科技人员以技术专利、管理等要素入股，任正非正是靠这个文件创办了华为公司。因此，政府对区域创新体系和营商环境的建设发挥着重要的引领作用，尤其在粤港澳大湾区和建设中国特色社会主义先行示范区的"双区驱动"时代背景下，深圳要打造国际科技创新中心，深圳市委、市政府在创新战略的制定、战略性新兴产业的规划、营商环境的优化、基础科研环境的建设等方面发挥着极为重要的作用。由于科技产业的迅猛发展与科技金融密切相关，深圳市多年来坚持建设多层次资本市场，成立天使母基金等政府引导基金，推动科技金融的快速发展，助力中小企业跨越初创期的"死亡谷"。

深圳市引导社会资本支持创新企业发展，鼓励直接融资，支持成熟期企业上市融资，努力构建金融支持科技创新全产业链的生态体系，实现科技资源与金融资源的有效对接。发展天使投资、风险投资、创业投资等股权投资机构，可以很好地弥补现有金融体系风险贷款不足的缺陷，更好地适应创新型经济发展的融资需求，未来要进一步提高投资机构的专业水平，通过专业有效的投后管理和赋能，推动创新型经济的发展，毫无疑问这是金融供给侧结构性改革的一项重点工作。

令人振奋的是，每一位受访者对未来都怀抱着美好的憧憬。张维表示，私募股权机构丰富直接融资体系，服务实体经济创新发展的作用日益突出，而资金是机构服务企业的基础，如果允许私募股权机构上市，将进一步提高其支持创新创业的能力。达晨财智董事长刘昼表示，正在计划实现达晨上市的梦想，目前正在引入战略投资者，争取挂牌新三板，获取长期低成本资金，对接资本市场，长远目标是实现公司独立上市，成为具有国际竞争力的综合投资集团。深圳担保集团董事长胡泽恩表示，未来深圳在建设中国特色社会主义先行示范区的进程中，能够让优秀的征信公司、担保公司走上资本市场，公开上市之后，必然让担保机构的信用大幅提升，征信效率更高，担保机构服务企业的实力也会更强大，那么将对深圳多层次资本市场的建设、我国资本市场的繁荣更为有利。

笔者以为，如果出发点都是为了成就更多像华为一样优秀的企业、为了给广大创新企业成长提供更好的金融服务，我国的金融体系当然也可以提供一种体制机制的创新，进行大胆的尝试。当前全球新一轮科技革命呼之欲出，世界各国在科技领域竞争日趋激烈，未来世界是科技产业、创新效率和创新生态的全面竞争，发达的科技金融必将在未来竞争格局中发挥巨大作用。

心有所向，未来可期！

图书在版编目 (CIP) 数据

催化与裂变：科技联姻金融 / 王小广主编；杨柳
著.—深圳：海天出版社,2020.12
（深圳先行示范丛书.科技创新卷）
ISBN 978-7-5507-3032-8

Ⅰ.①催… Ⅱ.①王… ②杨… Ⅲ.①科学技术—金
融改革—研究—深圳 Ⅳ.①F832.765.3

中国版本图书馆CIP数据核字（2020）第206226号

催化与裂变：科技联姻金融
CUIHUA YU LIEBIAN KEJI LIANYIN JINRONG

出 品 人　聂雄前
责任编辑　曾韬荔
责任校对　万妮霞
责任技编　梁立新
封面设计　蒙丹广告

出版发行　海天出版社
地　　址　深圳市彩田南路海天综合大厦 （518033）
网　　址　www.htph.com.cn
订购电话　0755-83460239（邮购、团购）
设计制作　蒙丹广告0755-82027867
印　　刷　深圳市天鸿印刷有限公司
开　　本　787mm×1092mm　1/16
印　　张　14
字　　数　180千
版　　次　2020年12月第1版
印　　次　2020年12月第1次
定　　价　88.00元